민달팽이 분투기

민달팽이 분투기

청년 주거권 활동가의 10년 현장 기록

지수 지음

| 일러두기 |

- 이 책에 담긴 세입자들의 이야기는 2021년부터 2025년까지 민달팽이유니온의 주거 상담 사례를 바탕으로 작성했다. 출처가 다를 경우에만 따로 표시했다.
- 이 책에는 저자가 〈일다〉, 〈오마이뉴스〉에 연재한 글 일부가 실렸다.
- 저자가 인터뷰한 인물의 이름은 모두 가명이다.

(차례)

머리말 _ 민달팽이는 어디에서 살까? • 9

1장 | 세입자의 집

"원래 다 그래" • 21
집이라는 권리 • 28
세입자는 무엇을 할 수 있을까? • 35
모든 불안은 세입자의 몫 • 43

2장 | 책임은 없다

가짜 중개사를 만나다 • 51
불법 중개와 합법 계약 • 56
방 쪼개기의 기술 • 63
세입자만 모르는 이야기 • 68

3장 | 전세 사기는 사회적 재난

청년의 얼굴을 한 전세 사기 · 75
피해자 쫓아내기 · 83
파산과 회생 사이 · 87
연료가 되고 싶은 사람은 없다 · 97

4장 | 우리는 민달팽이 세대

제너레이션 렌트 · 107
청년을 위한다는 말 · 113
투자가 아닌 투기 · 122
서울에서도 농촌에서도 · 128
우리에겐 다른 길이 필요하다 · 135

5장 | '불평등'에 눈감은 정책

빈곤과 가족 · 143
누구를 위한 지원인가? · 148
행복할 수 없고, 안심할 수 없는 · 153
영원히 사유화되는 땅에서 · 159
모두를 위한 공공 임대 · 170
주거 빈곤의 대물림을 생각하며 · 177

6장 | 새로운 집에 대한 상상

최소한의 집다운 집 · 187
달팽이집의 실험 · 195
달팽이집의 도전 · 200
〈럭키, 아파트〉를 보고 나서 · 206
누구에게나 숨숨집이 필요하니까 · 213
광장 이후의 집 · 221

부록_민달팽이를 구하는 14가지 질문 · 229
주석 · 253

| 머리말 |

민달팽이는 어디에서 살까?

스물넷, 나는 4년 동안 살던 하숙집에서 갑자기 쫓겨났다. 내가 처음 독립해서 살던 곳이었다. 부동산 중개소는 가기 무섭고 가진 돈도 없어서 전봇대에 붙은 '하숙생 구함' 전단지와 학교 커뮤니티 게시글을 뒤적이다가 만난 집이었다. 방을 슬쩍 둘러보고 바로 집주인 집으로 갔다. 집주인이 건넨 노트에 대학교 이름, 학부, 학번, 전화번호, 그리고 엄마 전화번호를 적었다. 이것이 계약의 전부였다. 나는 그냥 살면 됐고, 제때 월세를 내면 됐다. 무엇이 문제인지 몰랐다. 그러다 갑작스럽게 쫓겨날 위기에 처하자 그제야 내 현실이 보였다. "다음 달부터 월세를 30만 원에서 53만 원으로 올릴 거야. 못 내겠으면 나가야 해. … 근처 고시원 연락처 하나 줄게."

집을 리모델링하고 임대료를 올리는 과정에서 기존 세입자가 쫓겨나는 건 부동산 시장에서 흔한 일이었지만 내게는 청천벽력 같았다. 집주인은 월세가 두 배 가까이 오르지만 깨끗한 새 방으로 업그레이드되는 거니 나쁘지 않을 거라면서, 계속 살 건지 나갈 건지 선택하라고 했다. 하지만 돈이 없는 내게 선택지는 사실상 단 하나, 나가는 것뿐이었다. 정식으로 주택임대차 계약을 맺은 것도 아니어서 보장된 거주 기간도 없었다. 그냥 나가라면 나가야 했다. 그동안 나는 내 자신을 보호할 수 없는 집을 안식처로 착각하며 살았던 것이다.

"그러게 계약 전에 잘 알아봤어야지." 곤경에 빠진 나를 탓하는 말이 여기저기서 들려왔다. 하지만 후회나 자책에 쓸 시간이 없었다. 당장 살 곳을 구해야 했다. 급하게 집주인이 소개해준 근처 고시원을 찾아갔다. 고시원 관리인은 내게 창문 있는 방과 창문 없는 방 두 곳을 보여주었다. 창문 있는 방은 창문 없는 방보다 5만 원 비쌌지만, 방 한가운데에 콘크리트 기둥이 하나 있었다(나중에 알고 보니 그 고시원은 불법건축물이었다). 관리인은 어차피 들어와서 잠만 잘 거라면 창문이 없어도 괜찮을 거라고, 콘크리트 기둥은 인테리어에 활용하기 좋다고, 이전에 살던 여학생이 여기에 액자를 걸어 두며 예쁘게 꾸미고 살았다고, 이런저런 말을 늘어놓았다.

몸이 그대로 굳는 느낌이었다. 불안하고 막막했다. 쫓겨나

듯 이사를 가야 하는 상황도 받아들이기 힘들었지만, 내가 가진 돈으로는 결코 '집다운 집'을 구할 수 없다는 현실이 한꺼번에 밀려왔다. 돈이 없으면 그저 옷이나 물건을 아끼면 된다고 생각했다. 하지만 그날, 그저 멀쩡한 곳에 살고 싶다는 마음까지 아껴야 한다는 걸 처음 알았다.

그때로부터 10년이 흘렀다. 지금 내게는 보증금으로 쓸 수 있는 약간의 돈이 있고, 주어진 여건에서 좋은 집과 나쁜 집을 선별하는 기준도 생겼다. 혹시 또다시 살던 집에서 쫓겨난다면 자기 일처럼 함께 나서줄 동료들도 있다. 그런데도 그때의 불안은 여전히 남아 있다. 중개소에 갈 때면 긴장되고, 집주인과 마주 앉으면 몸에 힘이 잔뜩 들어간다. 이상한 일이다. 떡볶이가 먹고 싶을 때 떡볶이집에 가는 건 아무렇지 않은데, 집이 필요한 나는 왜 집 구하는 일 앞에서는 늘 두려운 걸까?

나와 민달팽이

나는 주거권 활동가다. 집에 대해 자주 이야기하다 보니 '부동산' 관련 일을 하는 줄로 오해하는 사람들도 있다. 주거권과 부동산, 둘 다 '집'을 다루는 것은 맞다. 하지만 전자는 집을 '권리'로 보는 반면, 후자는 집을 '상품'으로 본다는 점에서 차이가 크다. 내가 하는 일은 부동산에서 주거권으로, 다시 말해 집을 상품으로 보는 사회에서 권리로 보는 사회로 옮겨 가기 위해 힘껏 줄다리기하는 일이다. 집은 사고파는 물건이 아니라고 설명하는 것, 집이 필요한 보통 사람들의 삶을 살피는 것, 상품이나 금융 자산이 되어버린 주택 시장에 질문을 던지는 것, 새로운 주거 모습을 그려 가는 것, 그게 내가 하는 일이다.

내가 주거권을 처음 알게 된 건 10년 전 '민달팽이유니온'을 만나면서다. 달팽이는 집이 있는데 민달팽이는 집이 없다는 데서, '민달팽이'는 집 없는 청년을 뜻하는 상징이 되었다. 2011년에 설립된 '민달팽이유니온'은 청년 주거권 보장을 내세우는 당사자 단체다. 청년들의 삶을 통해 우리 사회의 주거 불평등 문제를 드러내며, 주거 상담과 교육, 주거 정책 연구와 제안, 세입자 권리 보호 등 다양한 활동을 하고 있다. 2014년에는 청년 세입자를 위한 새로운 주거 모델을 만들기 위해 '민달팽이주택협동조합'을 세웠고, 지금까지 청년 주거 공동체 '달팽이집'을 운영하고 있다.

2015년, 하숙집에서 쫓겨난 나는 다행히 달팽이집을 만나 그곳에서 계속 살 수 있었다. 이 일이 계기가 되어 2016년부터 주거권 활동을 시작했고, 2021년부터 2025년 초까지 4년 동안 민달팽이유니온 위원장을 맡아 일했다. 위원장 시절인 2022년에는 정부의 공공 임대 예산 축소 문제를 공론화하며 '내놔라 공공 임대' 농성을 함께했다. 2023년에는 '전세 사기·깡통 전세 문제 해결을 위한 시민사회 대책위원회' 출범에 참여하며 '전세사기특별법' 제정에 힘을 보탰다. 또 2023년 말에는 주거권을 정치·사회·노동 등 다양한 운동과 연결하기 위해 기후 위기, 불평등, 혐오, 차별에 맞서는 '체제전환운동'을 시작했다. 현재는 민달팽이유니온을 떠나 '인권운동사랑방'에서 인권 활동가로 활동하며, '집은 인권'이라는 믿음으로 인권을 더 깊이 이해하고 실천하기 위해 노력하고 있다.

청년 더하기 세입자

청년 주거권 활동을 하면서 내가 세운 목표는 '세입자'로서 청년이 겪는 주거 불안을 세상에 분명하게 드러내는 것이었다. 우리 사회는 청년을 현재의 세입자로 보기보다 미래의 주택 구매자로만 바라본다. 그래서 세입자로서 겪는 불안과 어려움을 일시적 문제로, 사소한 일로 치부하곤 한다.

하지만 현실은 사소하지 않다. 만 19세 이상 34세 이하 청년 가구의 80퍼센트 이상이 세입자로 살고 있으며, 그 비율은 계속 높아지고 있다. 소위 '지옥고'로 불리는 지하방, 옥탑방, 고시원 같은 열악한 거처에 머무는 청년 주거 빈곤층 비율도 줄지 않고 있다. 기초생활보장제도를 통해 생계비와 의료비 등을 지원받는 수급자 청년의 비율은 10년 전에 비해 약 60퍼센트 가까이 증가했다. 2020년대 들어서는 대규모 전세 사기 사건의 주요 피해자가 되었고, 정부가 공식적으로 인정한 전세 사기 피해자의 75퍼센트가 20·30세대 청년이다.

그런데도 여전히 우리 사회는 지옥고의 현실을 '젊었을 때 사서도 하는 고생'쯤으로 여기고, 전세 사기를 '뭘 모르는 젊은 애들의 미숙함이 부른 불행'으로 여긴다. 이런 인식으로는 지금 청년 세대의 깊은 우울과 불안을 이해할 수 없다. 집 때문에 겪는 고통은 개인의 불운이나 능력 탓이 아니라 한국 사회의 뿌리 깊은 주거 불평등 구조가 낳은 결과다.

나는 청년 주거 문제의 해법은 '청년만을 위한 특별한 정책'이 아니라 청년을 포함한 모든 세입자의 권리, 더 나아가 우리 모두의 주거권을 보장하는 데 있다고 믿는다. 청년기는 언젠가 끝나지만 세입자로서 사는 시간은 언제 끝날지 알 수 없다. 최근 연구들을 보면 2000년대 이후 세입자로 머무는 기간이 점점 길어지고, 그 상태가 고착화되고 있다. 모든 청년 세입자가 자라서 중년의 집주인이 되는 것은 아니다. 집을 소유할 수 없는 청년 세입자는 어떤 꿈을 꿀 수 있을까? 우리 사회는 그의 현재를, 그의 꿈을 억압하고 있지는 않은가? 내게 청년 주거 문제의 해결은 단지 한 세대의 고통을 돌아보는 것이 아니라 우리를 한정 짓는 사회의 틀을 함께 바꾸기 위해 상상하고 실천하는 과정이다.

우리 집은 어디인가?

우리나라 주거기본법은 '주거권'을 "물리적·사회적 위험으로부터 벗어나 쾌적하고 안정적인 주거 환경에서 인간다운 주거 생활을 할 권리"로 정의한다. 이 정의는 주거권이 단순히 '집'이라는 물리적 공간만을 의미하지 않음을 보여준다. 그렇다면 '인간다운 주거 생활'은 무엇일까? 아마도 자신의 터전 안에서 안전, 평화, 존엄을 느끼며 살아가는 삶일 것이다. 그러나 그런 삶은 혼자만의 힘으로는 이룰 수 없다. 집 안팎에서 다른 사람들과 맺는 인간다운 관계가 함께할 때 비로소 가능하다.

최근 나는 1인 원룸으로 이사했다. 10년 동안 거주할 수 있고 월세도 저렴한 공공 임대 주택이라 망설임 없이 이사를 결심했다. 모두가 집을 잘 구했다고 축하해주었고 나도 그렇게 생각했다. 하지만 막상 이사하고 나서 한동안은 잠을 설치고 마음이 울적했다. '내 집', '나만의 방'이 생겼는데도 정작 나를 뒤덮은 건 깊은 상실감이었다.

'도대체 왜 이럴까?' 스스로에게 질문하다가 최근에야 답을 찾았다. 이사 전까지 나는 셰어하우스*에서 살았다. 함께 부대끼며 살던 룸메이트들이 있었고, 사랑하는 고양이들도 있었다. 그런데 이사를 가면서 그들과 하루아침에 헤어지게 되었다. 익숙했던 동네 골목들과도 멀어졌고, 자주 가던 카페와 옷 가게, 치과와 한의원에서도 멀어졌다. 그것들은 모두 내 일상을 구성하는 일부였는데, 이사를 하면서 그 일상을 통째로 잃게 되리라고는 미처 생각하지 못했던 것이다.

집은 단순히 지붕 덮인 공간만을 의미하지 않는다. 집을 중심으로 얽힌 여러 관계들이 내 삶을 구성한다. 그래서 우리에게 필요한 주거권은 그 관계들까지 포함해야 한다고 믿는다. 온전히 나로서 머물 수 있는 물리적인 공간도 중요하지만, 그 공간을 어떻게 채우고 그 안팎에서 어떤 관계를 만들어 가느냐가 우리 삶을 결정짓는다. 이 책은 그런 의미에서의 주거권을 이야기한다.

운 좋게도 나는 비교적 일찍 주거권 문제를 알게 되었고, 이를 위해 애쓰는 사람들과 함께 고민하는 시간을 보낼 수 있었다. 세입자 중심으로 운영되는 '달팽이집'에 살면서, 주거권 활동가로 살면서 자주 생각했다. 내가 경험한 이 세계를 혼자만 알고 있기엔 너무 아깝다고. 이런 집을 왜 우리만 알

---

* 일반적으로 여러 명이 한집에 살면서 개인적인 공간인 침실 외에 거실, 부엌, 화장실 등을 공유하는 주거 방식.

고 있을까, 이 이야기들을 왜 우리만 알고 있을까, 불평등과 차별을 말할 때 집 이야기를 뺄 수는 없을 텐데 말이다. 그래서 주거권 이야기를 더 많은 사람들과 함께 나누고 싶었다. 지금부터 그 이야기를 시작하려 한다. 나와 같은 청년 세입자들의 이야기를 통해 우리가 서로의 삶 속에서 만나기를 바란다.

1장

세입자의 집

"원래 다 그래"

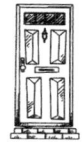

"네 보증금은 전 세입자 보증금 돌려주는 데 다 썼어."
"다음 세입자가 들어와야 너한테 돈을 줄 수 있지."
"당연히 아는 줄 알았지. 미리 말해줄 필요가 없는 문제야. 전세는 원래 다 그래."
"(여윳돈은 있지만) 그건 노후 준비 자금이야. 건드릴 수 없어."
"너무 뻔뻔하네. 젊은 사람이 그렇게 돈 밝히면 안 돼."
"네 엄마 번호 내놔."

2023년 서울 관악구의 한 다가구주택*. 그곳의 옥탑방에

---

* 한 건물을 한 명이 소유하며 여러 세대가 살 수 있는 형태의 단독주택. 면적과 층수 등의 제한이 있다.

살던 세입자 청년은 전세 계약 만료를 앞두고 당황스러운 일을 겪었다. 강남에 산다고 자랑을 일삼던 집주인에게 전세 계약을 연장하지 않고 계약 만료일에 맞춰 나가겠다고 하자, 집주인은 "돈이 없다"라는 말만 되풀이했다. 그러고는 다음 세입자가 들어와야 보증금을 돌려줄 수 있다고 했다. 집주인은 전세라는 게 "원래 다 그렇다"면서 보증금을 요구하는 세입자에게 도리어 "뻔뻔하다"고 했다. 보증금을 떼먹은 쪽이 뻔뻔한 것 아닌가? 그러나 이쪽 세계의 당연한 질서를 모르는 젊은 세입자가 이것저것 따져봤자였다.

보증금을 꼭 받아내겠다는 굳은 결심은 부모님과 이야기하겠다는 집주인의 말 앞에서 무너졌다. 젊은 세입자는 계약 당사자인데도 집주인과 직접 이야기조차 할 수 없었다. 엄마 번호와 회사 주소를 대라는 분노 어린 목소리, 본가와 회사에 직접 찾아가겠다는 협박이 수화기 너머로 쏟아져 나왔다. 그런 협박을 서슴없이 할 수 있었던 이유는 분명했다. 상대가 세입자였고 나이 어린 사회 초년생이었기 때문이다.

이것은 명백한 모욕이다. 그저 보증금을 돌려 달라고 했을 뿐인데, 돌아와야 할 보증금은 오지 않고 난데없이 모욕이 찾아온다. 단순히 기분 나쁜 말을 들었기 때문이 아니다. 보증금을 제때 돌려받지 못할 수도 있다는 불안, 어쩌면 큰돈을 영영 잃을지도 모른다는 두려움이 세입자를 덮친다. 임대인

(집주인*)의 일방적인 통보와 억지 앞에서 내 삶을 주도적으로 계획할 수 없다는 사실에 세입자들은 수치심과 공포를 동시에 느낀다. 그리고 결국 자신을 탓한다. '내가 어려서, 내가 세입자라서 이런 일을 겪는구나….' 임대인에게는 수십 년 이어져 온 관행일지 몰라도, 세입자에게는 결코 익숙해질 수 없는 모욕적인 일이다.

주거권 활동가의 일

그때 나는 민달팽이유니온에서 주거권 운동을 하며 청년 세입자들을 대상으로 주거 상담을 하고 있었고, 그 과정에서 이 청년을 만나게 되었다. 임대인에게 얼토당토않은 말을 듣고, 법과 제도의 빈틈 앞에서 좌절한 이들이 이리저리 떠돌다 마지막으로 닿는 곳, 그곳이 바로 '민달팽이유니온'이었다. 보통의 법률 상담이나 임대인과의 개인적 협상으로 해결되지 않는, 관행에도 맞지 않고 법으로도 설명되지 않

---

* 이 책에서 나는 '집주인'이라는 말을 쓰고 있지만, 사실 활동가로서 이 말보다 '임대인'이라는 말을 선호한다. '집주인'은 소유권이 있어야 집의 주인이 될 수 있다는 말처럼 들리기 때문이다. 내가 사는 집은 내 정체성을 구성하는 나의 일부다. 나는 이 집에서 주체이고 주인일 수 있다. 나는 집에 살며 집을 둘러싼 것들과 관계 맺는 사람이면 누구나 집의 주인으로 존중받아야 한다고 생각한다.

는 복잡한 사연들이 우리를 찾아왔다. 언제나 그 이야기에는 모욕이 한 줌 섞여 있었다. 단골 주제는 늘 같았다. '보증금 미반환'. 보증금 떼이는 설움에 아무도 공감해주지 않던 시절부터 전세 사기가 사회적 문제로 떠오른 오늘날까지, 보증금을 돌려받지 못한 세입자들의 곁을 지키는 일은 언제나 주거권 활동가들의 몫이다. 우리는 이 오래된 상처 속에서 만났다.

보증금 미반환은 말 그대로 계약이 끝난 뒤에도 임대인이 세입자에게 보증금을 돌려주지 않는 일이다. 법적으로는 '채무불이행'이다. 집값 하락이나 임대인의 경제적 어려움, 그 밖의 사정으로 세입자가 제때 돈을 돌려받지 못할 때 발생하며, 그 과정에서 고의성(기망 행위)이 드러나면 '사기'로 인정된다. 사기로 인정되어야만 형사 처벌이 가능하고 세입자는 행정 지원을 받을 수 있다.

이 청년의 경우, 집주인은 방을 먼저 비우면 보증금을 돌려주겠다고 역제안을 했다. 그러나 세입자가 살던 옥탑방은 말하자면 법적으로 '주소가 없는 집'(미등기 주택)이었다. 이런 집에서는 주민등록, 즉 전입 신고를 할 수 없다. 이런 집은 세입자가 실제로 거주하지 않으면, 자신이 여기 살고 있다는 것을 증명할 길이 없다. 세입자에게는 자신이 '주택임대차보호법'의 적용을 받는 권리자임을 주장할 수 있는 힘, 곧 '대항력'이 가장 중요한데, 이 힘을 얻으려면 그 집에 실제 사는 것(점유)에 더해 전입 신고가 필수다. 그런데 정확한 주소가 없는 미등기 주택이라면 전입 신고를 할 수 없으니 대항력도 갖출 수 없다.

법적 권리를 주장하기 쉽지 않은 상황에서 집주인의 말만 믿고 방을 먼저 비웠다가, 집주인이 말을 바꿔 돈을 주지 않는다면 피해는 돌이킬 수 없다. 설상가상으로 집이 경매로 넘어가기라도 하면 세입자는 보증금을 잃을 가능성이 크다. 결국 우선 방부터 빼라는 요구는 세입자만 불리한 함정이었다. 세입자는 보증금을 돌려받기 전까지는 방을 빼지 않겠다고 답했다. 그리고 일정 기한 안에 보증금을 지급하지 않으면 법적 절차를 밟겠다는 '내용증명'도 보냈다.

이 모든 조치는 집주인을 더욱 화나게 했다. 집주인의 분노와 모욕은 더 거세졌다. 평일과 주말, 밤낮을 가리지 않고 이어졌다. 나 역시 시도 때도 없이 세입자 청년과 연락을 주고받았다. 모욕은 예고 없이 찾아왔기 때문이다. 그저 살 집이 필요했을 뿐인 청년에게 그 모욕은 때로는 공포였고, 때로는 억울함이었고, 때로는 혼자 감당하기 힘든 우울이었다. 청년은 나와 함께 문제에 대응한 이후로도 한 달을 더 시달리다 마침내 보증금을 돌려주겠다는 연락을 받았다. '설욕'의 날에도 집주인은 "젊은것이 버릇없다"는 말을 내뱉었지만, 청년은 결국 전액을 돌려받았다. 청년은 그동안의 시간을 돌아보며 "무기력하고 불안"했으며 "지난하고 험난한 과정"이었다고 말했다.

> "보증금을 못 받는 것도 힘들었지만 아무것도 할 수 없다는 생각이 더 괴로웠어요."
> "저한테는 너무 큰 사건인데, 그 열쇠를 집주인이 쥐고 있고, 제가 할 수 있는 거라곤 보증금을 돌려 달라는 말뿐이었어요. 결국 돈을 줄 때까지 기다릴 수밖에 없었어요."

청년 세입자는 내게 고마움을 전했다. 보증금을 돌려받지 못해 무기력해진 자신에게 "이게 안 되면 저걸 해보자고 대안"을 제시해준 덕에 "덜 막막하고 조금은 힘이 생겼다"고 했다. 내가 "함께 상황을 살피고 방향과 방법을 논의할 수 있는 곁"이 되어주었다는 말도 덧붙였다.

그의 말은 기쁘면서도 씁쓸했다. 주거권 활동가인 내가 "함께 해보자, 같이 가보자"고 먼저 적극적으로 손을 내밀었다는 것은 한편으로 그 말을 먼저 건네야 할 법과 제도가 부재하다는 뜻이기도 했다. 모든 세입자 곁에 주거권 활동가가 있을 수는 없는 노릇인데, 당연히 제도적 안전망이 있어야 하지 않을까. 그 청년이 무사히 보증금을 돌려받아 다행스럽고 뿌듯했지만 그 지난한 과정을 오롯이 개인이 짊어져야 했다는 사실은 오래도록 씁쓸한 뒷맛을 남겼다.

집이라는 권리

"집은 삶을 담는 그릇이다."[1] 우리는 집에서 밥을 먹고, 잠을 자며, 쉼을 통해 자신을 치유하고 회복한다. 이 모든 것은 집이라는 그릇에 내 삶을 구성하는 재료들을 하나하나 담아 가꾸는 일이기도 하고, 나 자신을 돌보는 가장 기본적인 행위이기도 하다. 집은 우리 모두가 주체적인 삶을 살아갈 수 있게 해주는 가장 근본적인 공간이다.

국가는 그 누구도 주거 문제로 인해 '존엄'을 침해당하지 않도록 보호할 의무가 있다. 이것은 국제 사회가 공동으로 합의한 약속이며, 우리나라도 여기에 당연히 포함된다. 1948년 유엔 '세계인권선언'은 모든 사람이 '적정 주거(adequate housing)를 누릴 권리'가 있다고 천명했다. 이어 1966년 '경제·사회·문화적 권리에 관한 국제 규약(International

Covenant on Economic, Social and Cultural Rights, ICESCR)', 곧 '사회권 규약'은 적정 주거의 권리를 실현하는 것이 국가의 책무임을 명확히 했다.

우리나라는 1990년에 이 사회권 규약을 비준했다. 헌법 제6조는 "일반적으로 승인된 국제 법규는 국내법과 같은 효력을 가진다"고 규정하고 있다. 또한 헌법에 '주거권'이라는 표현이 직접 명시되어 있지는 않지만, 제34조 '인간다운 생활을 할 권리'와 제35조 '쾌적한 주거 생활을 위한 국가의 의무'에 그 취지가 담겨 있다고 해석된다. 이러한 흐름 속에서 2015년 '주거기본법'이 제정되었고, 모든 국민이 물리적·사회적 위험으로부터 벗어나 쾌적하고 안정적인 환경에서 인간다운 주거 생활을 할 '권리'가 있다고 명문화되었다.

1976년 유엔 제1차 세계주거회의에서 채택된 '인간 정주에 관한 밴쿠버 선언(Vancouver Declaration on Human Settlements)'에서는 적정 주거의 기본 요소를 제시했다. 이후 1991년 경제·사회·문화적 권리위원회의 '일반논평4: 적정 주거의 권리(General Comment No.4: The right to adequate housing)'에서 인권으로서 주거권을 구성하는 요소가 정립되었다. 그 요소는 다음 일곱 가지다. 점유의 법적 보장, 서비스·물자·시설·인프라에 대한 가용성, 비용의 적정성, 거주 가능성, 접근성, 위치, 문화적 적절성.[2]

여기서 '점유의 법적 보장'은 점유 형태와 관계없이, 모든 사람이 강제 퇴거나 퇴거를 목적으로 한 괴롭힘 등의 위협으로부터 법적 보호를 받아야 한다는 원칙이다.[3] 집을 구입해 살든 빌려 살든 관계없이 점유의 법적 보장을 강조하는 이유는, 집이 자산 증식의 수단이나 금융 상품이 아니라 살아 있는 이들이 존재할 자리에 대한 기본적 권리이기 때문이다. 집은 바깥의 위험으로부터 생명을 보호하는 최소한의 공간이자, 가족이나 친밀한 사람들과 관계를 맺고 돌봄을 주고받는 장소다. 생존을 위한 기본적인 안전망이자, 사회적 재생산을 가능하게 하는 삶의 기반이다.

세입자의 권리는 왜 작동하지 않는가

집이 생존에 이토록 필수적인데도 우리 사회는 '집을 소유하지 않은 사람'의 존재할 권리, 다시 말해 세입자가 자신이 점유한 공간에서 존엄하게 거주할 권리를 오랫동안 가볍게 여겨 왔다. 법 또한 세입자의 권리를 형식적으로만 인정할 뿐, 실제로는 제대로 보장하지 않는다.

주택임대차 계약에서 임대인은 계약 기간 동안 자신이 소유한 집을 세입자에게 빌려주고, 그 대가로 세입자에게 일정 금액을 '빌린다'. 계약이 종료되면 세입자는 집을 원래 상태로 복구해 임대인에게 돌려주고, 임대인은 세입자에게 보증금 전액을 반환해야 한다. 이 두 과정은 동시에 이행되어야 한다.

법은 주택임대차 계약에서 세입자와 임대인을 형식적으로는 평등한 관계로 전제한다. 그러나 현실은 다르다. 세입자와 임대인은 단순한 채권-채무 관계가 아니다. 세입자는 임대인에게 '돈을 빌려주기' 위해 집을 빌리는 것이 아니라, 존재할 공간이 필요하기 때문에 주택 시장에 참여하는 것이다. 관계의 출발부터 이미 비대칭이다. 집을 구해야 하는 세입자의 절박한 필요, 즉 주거 욕구로 맺어지는 관계이기 때문이다. 그렇기에 임대인은 계약 조건을 제시하고, 합의를 주도하며, 사실상 일방적인 우위에 선다. 그러나 이 기울어진 관계를 바로잡을 제도적 장치는 턱없이 부족하다.

그나마 2020년 7월 소위 '임대차 3법'으로 불리는 법들이 국회를 통과하면서 우리 민간 주택 시장에도 임대료 규제가 생겼다. 특히 '임대차 3법' 중 하나인 '전월세상한제'에 따라 임대인은 기존 세입자와 계약을 갱신할 때 임대료를 5퍼센트 이상 올릴 수 없게 되었다. 분명 의미 있는 변화였다. 그러나 세입자의 처지는 크게 달라지지 않았다. 법이 계약 갱신 시 단 한 번만 보장하기 때문에, 첫 계약이나 첫 갱신 이후 재계약할 때는 임대료가 다시 '부르는 게 값'이 되기 일쑤다.

주택 시장에서 세입자는 일방적으로 정해진 임대료를 받아들이는 것 외에는 다른 선택지가 없다. 청년을 대상으로 주거 상담을 해보면 임대료 조정을 요청했다가 "싫으면 나가세요"라는 말을 들었다는 세입자들을 자주 만나게 된다. 얼마만큼의 임대료가 적절하고 부담 가능한 수준인지, 어느 정도가 합당한 가격인지 논의할 수 있는 평등한 협상 구조가 존재하지 않는다. 집은 생존의 필수 조건인데, 그 자리를 마련하려면 주어진 값을 따를 수밖에 없는 것이 지금의 현실이다. 집은 세입자의 '권리'로 다루어지지 않고, 소비자와 공급자 사이에 거래되는 '매물'로만 취급되고 있다.

계약 과정에서 세입자는 집주인에게 궁금한 것이 있어도 제대로 묻기 어렵다. 세입자가 몰라서가 아니라, 임대차 시장 자체가 그렇게 형성되어 있기 때문이다. 집주인을 한 번도 만나지 못하고 계약하는 청년들이 부지기수다. 심지어 만나보고 싶다고 요청해도 집주인은 "바쁜데 별일 아닌 일로 수고스럽게 한다"며 거절한다. 보증금 사고가 걱정돼서 중개사나 집주인에게 확인을 요청해도 제대로 답변받지 못하는 일도 많다. 그저 집주인이 "롤스로이스를 탄다" "집이 5백 채다" "강남에 산다" "서울대 교수다" "성형외과 의사다" 같은 말로 얼버무린다(모두 실제 사례다). 여기서 더 질문하거나 꼼꼼히 확인하려 들면 세입자는 까탈스럽고 예의 없는 사람으로 취급받는다.

집에 사는 동안은 어떨까. 이유를 알 수 없는 관리비 인상이 갑자기 통보된다. 집의 하자가 방치되거나 수리비를 세입자에게 떠넘기기도 한다. 법에 따라 임대인은 '집'이 집으로서 기능할 수 있도록 수선·수리를 할 책임이 있다. 그러나 현실에서는 대문이 주저앉았다고 하니 담장을 넘어 다니라고 하고, 보일러가 고장 났다고 하니 찬물로 씻으라 한다. 천장에서 비가 새도 수리비를 줄 수 없다고 우긴다. 심지어 사생활 침해 수준의 이야기까지 들려온다. 집에 애인을 데려왔다고 부모에게 알리겠다고 협박하거나, "딸 같아서 그런다"며 마스터키로 집에 찾아오는 것이다(모두 실제 사례다). 집의 주인이라서 세입자의 주인인 줄 아는 걸까?

시간이 흘러 계약이 만료되어 보증금을 돌려받을 시점이 되면, 세입자와 임대인의 관계가 얼마나 불평등한지가 더욱 명확히 드러난다. 세입자는 집을 들고 도망갈 수 없지만, 임대인은 보증금을 주지 않은 채 잠적할 수 있다. 갑자기 말을 바꿔 돌려주지 못하겠다고 통보하거나 메시지 차단, 착신 차단도 흔한 일이다. 심지어 새 세입자를 구하거나 '인상된' 임대료 조건으로 계약을 성사시키는 일까지 세입자에게 떠넘긴다. 비상식적인 일 같지만 현실에서는 당연한 관행 내지 오래된 질서로 여겨진다. 특별히 '나쁜' 한두 명의 임대인이 벌이는 예외적 사건이 아니라, 일상적으로 벌어지는 일이다. 오히려 문제 제기하는 사람이 뭘 잘 모르는 초보자로 취급받는다.

세입자는 무엇을 할 수 있을까?

"집주인과 연락이 끊겼습니다. 전화도 안 받고 메신저도 차단당한 거 같습니다. 계약 만료 3개월 전에 이사 나가겠다고 했고 집주인도 알겠다고 했습니다. 그런데 이렇게 잠적하니 당황스럽습니다. 소송을 하려 해도 막막하고 변호사비도 비싸서 어떻게 해야 할지 모르겠습니다."

"일찌감치 집주인에게 나가겠다고 말했고 말한 증거도 있는데, 갑자기 '지금 말하면 어떡하냐'면서 집이 나가야 돈을 줄 수 있다고 주장합니다. 심지어 자신은 외국에 나가 있을 거라면서 저더러 집을 부동산에 내놓으라고 합니다. 집주인에게 날짜를 지정해서 보증금 반환을 약속해주길 요청했지만, '약속할 수는 없다'고 합니다. 법적 절차를 밟겠다고 하니, '순리대로 하면 되지요'라는 말을 들었습니다."

"집주인이 집을 내놓긴 했는데, 동네 시세보다 더 높게 올려놓고는 '다음 세입자가 와야 돈을 줄 수 있다'고 합니다. 도무지 집이 나갈 것 같지 않습니다. 집주인은 이 가격 밑으로는 다음 세입자를 들일 수 없다고만 말합니다. 시세랑 비교했을 때 말이 안 되는데, 집주인이 억지를 부리는 바람에 다음 세입자를 구하기 위해 제가 부동산을 뛰어다녀도 소용이 없습니다."

"집주인이 보증금을 돌려주지 않아 임차권등기명령을 신청하겠다고 하니까 공인중개사가 말립니다. 그러면 집이 더 안 나간다고 하면서요."

이런 상황에서 세입자는 무엇을 할 수 있을까? 주택임대차계약을 했다는 것만으로 세입자가 주장할 수 있는 권리는 극히 제한적이다. '주택임대차보호법'은 세입자와 임대인 사이의 불균형한 권력관계를 인정하고 그로 인해 발생하는 권리 침해로부터 세입자를 보호하기 위해 만들어진 특별법이다. 그러나 이 법도 세입자의 권리를 온전히 보호해주지는 못한다. 세입자가 보증금을 돌려받지 못하면 결국 집을 경매로 처분하는 절차를 밟아야 하는데, 경매에서 돈을 받으려면 '대항력'과 '우선변제권'이라는 것을 갖추어야 한다. 다소 낯선 개념이지만 세입자의 법적 권리를 이해하기 위해 꼭 짚고 넘어가야 한다. 하나씩 살펴보자.

대항력

세입자의 가장 기본적인 권리인 '대항력'은, 세입자가 주민등록을 옮기고(전입 신고) 실제로 거주(점유)해야 인정된다. 한 세입자는 이사하는 날 아침에 집주인에게 보증금을 송금했는데, 집주인이 문을 잠그고 잠적하는 바람에 집에 들어가 보지도 못했다. 이 세입자는 실제로 그 집에 거주한 한 사실이 없어서 대항력을 인정받기 어려웠다.

그렇다면 전입 신고도 하고 집 안에 들어가면 바로 대항력을 얻는 걸까? 다음 날 0시가 되어야 효력이 발생한다. 그런데 계약 당일 임대인이 집을 담보로 은행에서 대출을 받으면 그 즉시 은행의 담보권은 효력을 가지게 된다. 세입자의 권리는 다음 날부터 인정되기 때문에 은행의 권리보다 후순위로 밀리게 된다.

우선변제권

그러면 대항력이 발생한 날부터는 안전할까? 그렇지도 않다. 세입자는 '확정일자'를 받아야 한다. 주민센터나 등기소에서 계약서에 날짜 도장을 찍어주는 것으로, 계약 체결 사실을 공식적으로 증명한다. 이 도장을 받아야만 집이 혹시 경매에 넘어가더라도 보증금을 우선적으로 돌려받을 수 있는 '우선변제권'이 생긴다.

그러면 우선변제권이 있으면 보증금 전액이 100퍼센트 안전하게 보장될까? 아니다. 우선변제권은 일종의 번호표다. 빵집에서 163번 대기표를 받았는데, 150번에서 빵이 다 팔리면 빈손으로 돌아가야 하는 것처럼 경매(공매*)도 마찬가지다. 경매에서 낙찰된 대금이 법원에 납부되면, 법원은 그 돈을 채권자들에게 순서대로 나누어주는데(이를 배당이라 한다), 내 순서가 되었을 때 남은 돈이 없거나 내 보증금보다 적으면 그대로 끝이다. 권리는 사라지고 손해는 세입자의 몫이 된다.

경매에서 다른 누구보다 먼저 돈을 돌려받으려면 어떻게 해야 할까? 그때 필요한 것이 '최우선변제권'이다. 그러나 아무 세입자나 이 권리를 가질 수 있는 것은 아니다. 법에 정한 기준에 따라 '소액 임차인'으로 인정받아야 한다. 경제적으로

---

* 행정 기관이 매각 절차를 주관하는 것을 공매라고 한다. 경매는 법원이 주관한다.

더 취약한 이들을 우선 보호하기 위한 장치다. 소액 임차인 기준은 계약한 지역과 시점, 보증금 액수 등 여러 조건을 갖추어야 하기 때문에 무척 까다롭다. 여기서 끝이 아니다. 소액 임차인으로 인정받더라도 보증금 전액이 아니라 법에서 정한 일부 금액(최우선변제금)만 돌려받을 수 있다. 만약 동일한 임대인을 상대로 소액 임차인이 여러 명이라면 나누어 가져야 할 때도 있다.

대항력과 우선변제권, 이 두 가지는 세입자가 자신의 보증금을 지키기 위해 의지할 수 있는 법적 장치의 핵심이자 전부다. 그러나 너무 취약하고 빈틈이 많다. 다시 말해 우리 사회의 구조에서 보증금 문제가 발생했을 때 세입자가 권리를 온전히 보장받고 전액을 돌려받기 어렵다. '임차권'은 세입자라면 누구나 누려야 할 권리이지만, 현실에서는 그 권리를 실질적으로 뒷받침할 제도적 안전 장치가 여전히 불충분하다.

"그런 집을 계약한 게 문제야"

현실이 이런데도 이상하리만치 세입자를 탓하는 말이 넘쳐난다. "그러게 서류를 잘 좀 보지 그랬어." "다가구주택은 조심했어야지." "정확히 물어봤어야지." 이런 말들은 세입자를 피해자가 아니라 부주의한 사람으로 몰아간다. 정부 관계자들도 같은 논리를 펼친다. 2023년 2월, 인천 미추홀구에서 벌어진 5백억 원대 전세 사기 피해 대책 마련을 위한 국회 긴급 토론회에서 국토교통부, 인천광역시, 법원행정처 관계자들은 전세 사기를 피하려면 "계약하기 전에 좀 더 꼼꼼히 알아봐야 한다"고 입을 모았다. 2024년 5월, 당시 박상우 국토교통부 장관은 경험 없는 청년들이 '덜렁덜렁' 계약하다가 당하는 것이 전세 사기라며 피해 원인을 개인의 부주의로 돌렸다.[4] 그는 심지어 대출을 받아 전세 사는 이들을 두고 욕심을 부려 '과소비'한다는 망언을 퍼부었다.[5]

"계약 전에 (집주인의) 납세 확인서도 확인했고, 등기부등본에 근저당(은행 대출)이 없는 것도 확인했습니다. 공인중개사는 세입자한테 피해 갈 일 없는 집이라며 저를 안심시켰고, 제 대항력이 생기기 전에 근저당이 생기면 계약을 해지할 수 있다는 특약까지 넣었습니다."

내가 상담했던 이 청년은 화성시의 다세대주택 세입자였다. 그는 보증금 떼이는 사고를 미연에 방지하고 싶어 열심히 발품을 팔았다. 세입자로서 확인할 수 있는 거의 모든 서류를 확인했고, 대출이 없는 '깨끗한' 집이라 믿고 전세 계약을 했다. 그런데 계약 후 아무런 통지 없이 집주인이 바뀌었고, 새

집주인은 보증금을 돌려줄 능력이 없는 사람이었다. 결국 그는 전세 사기 피해자가 되었다.

정부가 지원하는 전세자금 대출 제도를 이용한 신혼부부도 마찬가지였다. 계약한 지 몇 달 만에 집주인이 바뀌었고, 이사를 나가려 하자 새 집주인은 세금이 밀려 보증금을 돌려줄 능력이 없다며 "(보증보험으로) 대위 변제*를 받든지 (대신 들어올) 세입자를 구하라"고 했다. 이처럼 임대인이 주택 매매 사실을 세입자에게 통지할 의무가 없다는 점을 악용한 사례는 매우 흔하다. 이런 경우 세입자가 계약 당시 꼼꼼히 확인했던 모든 정보가 한순간에 쓸모없어진다.

"그러면 보험을 들면 되지 않냐"고 쉽게 말하는 사람들이 있다. 주택도시보증공사(HUG) 등에서 운영하는 '전세 보증금 반환보증보험'은 세입자가 보증료를 내고 가입하면, 보증금 미반환이 발생했을 때 보증금을 대신 지급하는 제도다. 그러나 모두가 가입할 수 있는 것도 아니거니와 무엇보다 문제의 본질을 잘못 짚고 있다. 보증금 미반환의 위험은 사적인 보험 상품으로 떠넘길 일이 아니다.** 처음부터 국가가 나서서 부적격한 임대인이나 문제 주택은 계약 체결 단계에서 걸러

---

* 임대인이 보증금을 못 돌려줄 때 보증 기관 등 제3자가 대신 갚아주는 것을 말한다.
** 물론 전세 보증금 반환보증보험은 공적인 성격이 있지만 그 형식과 책임이 발동하는 방식은 사적 보험과 다름없다.

지도록 관리·감독해야 한다. 하지만 현재의 보증보험 제도는, 보증금을 떼먹을 가능성이 높은 임대인과 불량 주택을 그대로 두고, 그 위험을 '상품화'해 세입자에게 떠넘기고 있다. 제도가 막아야 할 위험과 비용을 세입자가 스스로 감당하게 만드는 구조인 셈이다.

모든 불안은 세입자의 몫

2020년대 들어 대규모 전세 사기 사건들이 잇따르면서 청년 세입자들이 겪는 고통이 수면 위로 드러나고 있다. 그러나 지금까지도 정부는 사태 해결의 출발점이라 할 수 있는 '보증금 미반환'의 실제 규모조차 정확히 파악하지 못하고 있다(정부가 공식적으로 집계하고 있는 전세 사기 피해는 전체 보증금 미반환 사례 중 '사기'로 인정된 일부에 지나지 않는다). 이 문제를 간접적으로나마 가늠해볼 수 있는 한 가지 방법은 '임차권설정등기' 신청 건수의 추이를 살펴보는 것이다. 세입자가 임차권설정등기를 신청하는 경우는 대개 주택임대차 계약이 끝났는데도 임대인에게 보증금을 돌려받지 못했을 때다. 임차권설정등기가 이루어지면 세입자가 다른 곳으로 이사를 가더라도 기존 집에 대한 대항력과 우선변제권을 유지할 수 있다.*

법원이 운영하는 온라인 서비스 '등기정보광장' 통계에 따르면 임차권설정등기 신청 건수는 매년 증가하고 있다.[6] 2014년 임차권설정등기 신청 건수는 집합건물 기준 4,068건이었다. 10년이 지난 2024년 임차권설정등기 신청 건수는 무려 47,353건이다. 11.6배 증가한 것이다. 2023년에 45,445건이었으니 전년 대비로 봐도 4.2퍼센트 증가했다.[7] 보증금을 돌려받지 못했어도 등기 신청을 안 하거나 절차를 몰라 못 하는 사례도 많다는 사실을 감안하면, 이 수치가 의미하는 바는 분명하다. 전국 곳곳에서 보증금 미반환 사태가 벌어지고 있으며, 많은 세입자들이 법의 사각지대에서 곤란에 빠져 있다는 것이다.

보증금 미반환은 일반적이지 않다

보증금을 돌려받지 못하는 상황에서 세입자가 겪는 고통은 단순히 돈을 늦게 받는 불편함에 그치지 않는다. 보증금을 받지 못한 채 어쩔 수 없이 머무는 주택에 수리와 보수가 필요한 상황이 발생해도 임대인이 묵묵부답으로 일관하면 말 그대로 사는 것이 고통이 된다. 실제로 그런 사례가 많다.

---

* 법원에 '임차권등기명령'을 신청해서 인용되면 등기부에 주택임차권이 기록되는데, 이를 임차권설정등기라고 한다.

내가 만난 한 세입자는 보증금을 돌려받지 못했지만 누수 문제가 심해 결국 스스로 이사 나가는 것을 '선택'했다. 이걸 선택이라 말할 수 있을까? 또 다른 세입자는 계약 만료 시점에 맞춰 새로운 집을 계약했지만 집주인이 일방적으로 보증금을 돌려줄 수 없다고 통보해 결국 새집 계약금을 전부 잃었다. 돌려준다는 약속을 믿었을 뿐인데 이중으로 돈을 날린 것이다. 그러다 보니 이제 세입자들은 집주인의 현금 융통이 원활하길, 사업이 망하지 않길, 보증을 선 게 있다면 그것도 무탈하길, 한마디로 집주인의 안녕을 바라야 하는 지경에 이른다.

"집주인이 나중에 보증금을 돌려주겠다면서 연락을 피하고 있습니다. 수개월째 고장 난 엘리베이터도 고쳐주지 않습니다. 보증금도, 주택 관리도 전부 묵묵부답입니다."

"집주인이 새로운 세입자에게 돈을 받아야 남은 보증금을 줄 수 있다며 버티고 있습니다. 저는 몇 달 전에 계약 연장은 하지 않겠다고 직접 말하기도 했고, 혹시 모를 상황에 대비해 내용증명도 보냈습니다. 이미 새로 입주할 집을 계약한 상태입니다. 지금 상황으로 보면 보증금을 못 받아 새집 계약이 파기될 위기입니다."

"집주인이 빚보증을 잘못 서서 모든 재산에 가압류가 걸렸다고 합니다. 현재 현금이 없고, 다른 재산을 담보로 대출을 받고 싶어도 가압류 상태라 융통이 어렵다고 합니다."

이 모든 불안의 부담은 세입자의 몫이다. 세입자만 전전긍긍하며 불안해할 뿐, 다수의 임대인과 부동산업자 그리고 정부 당국은 사실상 큰 문제로 보지 않는다. 단순한 금전 거래로 여기기 때문이다. 그러나 이는 금전적 피해를 넘어 누군가의 삶의 토대가 뒤흔들리는 일이다.

보증금 미반환이 일반적인 관행으로 여겨지는 사회에서 세입자들은 자신의 피해를 끊임없이 입증해야 하는 처지로 내몰린다. 계약 위반이 어떻게 관행일 수 있을까? 상식적으로 납득하기 어렵다. 세입자는 보증금을 돌려받지 못한 순간 이미 '피해'를 입은 것이다. 그러나 사회는 그것이 사기로 증명될 때까지 기다리라고 말한다. 이런 현실에서 존엄과 권리를 보장받는 이들과 그렇지 못한 이들 사이의 경계가 분명해진다. 세입자라는 이유만으로 권리 침해를 감수해야 한다면 부당한 일 아닌가?

결국 가장 큰 문제는 주택임대차 시장의 기울어진 권력 구조에 있다. 지금의 법과 제도는 세입자가 겪는 피해를 사실상

승인하고 있는 것이나 다름없다. 보증금 미반환을 미리 막는 것이 아니라 사고가 터진 뒤에야 '사후 약방문'처럼 대응한다. 그마저도 세입자가 돌려받을 수 있는 돈은 '일부'에 불과하다. 임대인이 임대로 수익을 얻을 때 그 과정에서 예상되는 위험을 국가가 미리 관리하고 통제해야 한다. 건전한 주택 시장 질서를 세우는 것은 개인이 아니라 국가의 역할이다. 피해를 피해로 인정하지 않는 구조 속에서, 세입자들은 오늘도 모욕을 견디며 살아간다.

2장

책임은 없다

가짜 중개사를 만나다

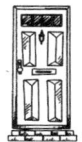

처음 부동산 계약을 하는 청년들은 중개 사무소에서 자신을 응대한 사람이 공인중개사가 아닐 수도 있다는 사실을 상상조차 하지 못한다. 그러나 중개사가 아닌 '중개보조원'이 계약을 직접 진행하거나 상담을 주도하고 대표 공인중개사는 마지막에 도장만 찍는 관행이 만연하다. 심지어 중개 사무소 소속 보조원도 아닌 분양업체 직원이 세입자를 모집한 후 중개사에게 돈을 주고 명의를 빌리는 불법 행위도 있다.

2022년 여름, 내가 만난 두 청년도 가짜 중개사에게 전세사기를 당한 세입자들이었다. 둘은 돈을 모아 조금 더 나은 집에서 함께 살기로 했고, 신중히 고민한 끝에 그 중개사를 선택했다고 했다. 그는 부동산 중개 애플리케이션에서 사람들에게 많은 '추천'을 받고 있었다. 직접 만나보니 여러 추천

후기에 적힌 대로 친절했고, 청년 세입자들을 많이 만나본 듯 능숙한 태도로 집을 소개했다. 아쉬운 점이 있다면 오히려 청년들이 제시한 보증금이 너무 낮아 좋은 집을 찾아주기 어려워 보였다는 것이었다. 그래도 그 중개사는 청년들이 원한 서울 은평구와 마포구의 오래된 집들을 성심성의껏 보여주었다. 그러면서도 이 지역을 벗어나면 더 넓고 쾌적한 집을 구할 수 있다며 아쉬움 가득한 말을 계속 덧붙였다. 몇 군데를 더 둘러본 뒤 그는 아무에게나 오는 기회가 아니라는 듯 제안을 했는데, 마침 운 좋게도 이제 막 분양을 시작한 신축 빌라가 한강 바로 건너편 강서구 동네에 있으니 자신을 믿고 한번 구경을 가보자고 했다.

그렇게 보러 간 신축 빌라는 방이 세 개나 있는 넓고 쾌적한 집이었다. 낮에 보았던 열악한 낡은 집들과 비교하면 너무나 말끔한 집이었다. 심지어 빠른 분양을 위해 건축주인 임대인이 첫 입주자들에 한해 대출 이자를 지원해주고 있다고 했다. 중개사는 운이 좋은 거라며 이런 지원만 찾아다니는 사람들도 있다고 알려주었다. 그가 안내한 분양 사무실에는 임대인의 대리인이 있었다(나중에 알고 보니 분양 대행업체 소속 직원이었다). 그 대리인과 사무실 사람들은 한목소리로 이 전세 계약이 위험하지 않다고 장담했다. 심지어 누구나 아는 제1금융권, 시중 은행에서도 대출을 받을 수 있다고 호언장담했다. 이미 그런 식으로 입주한 세입자들이 있고, 건축주가 강서구 일대에 여러 채 건물을 지은 사람이니 더 신뢰할 만하다는 설명도 덧붙였다.

중개사가 괜찮다고 장담하는 계약, 시중 은행이 대출 심사를 통과시킨 매물, 여러 건물을 지으며 세입자를 받아 온 건축주, 임대인의 세금 체납 여부나 계약 관련 온갖 서류를 꼼꼼히 챙겨주며 성의를 보이는 사무소 사람들…. 이 모든 것이 대본처럼 매끄럽게 흘러갔다. 두 청년은 계약서에 서명하고 집으로 돌아왔다. 그런데 그날 밤, 정확히는 다음 날 새벽, 전세 사기를 당한 다른 지인이 계약서를 보고 의문을 제기해 다시 검토하면서 자신들 역시 사기를 당했다는 사실을 알게 되었다.

나는 조력자로서 이 문제 해결에 함께했다. 같이 확인해보니 청년들에게 집을 소개해준 중개사는 중개 자격이 없는 '가짜 중개사'였다. 청년들이 "중개사님"이라고 부를 때마다 태연히 받아넘겼을 모습을 상상하니 화가 났다. 알면서도 바로잡지 않았던 것이다. 계약을 체결하던 날 그 가짜 중개사는 청년들에게 "아내가 제육볶음을 해줄 거"라며 기뻐했는데, 알고 보니 그 말이 '계약 건수를 잡았다'는 업계 은어였다고 들었을 때는 모욕감이 밀려왔다. 눈앞의 타인이 곤경에 빠질 것을 뻔히 아는 사람이 할 수 있는 짓인가, 어떻게 그런 말을 아무렇지 않게 할 수 있는지 도무지 믿기지 않았다.

끝없이 길게만 느껴진 한 달을 버텨낸 끝에 청년들은 다행히 계약을 파기할 수 있었다. 이미 보낸 계약금도 전액 돌려받았고, 불법 중개 행위를 한 사무소에 대한 영업 정지 처분도 이끌어냈다. 그러나 그 모든 과정에서, 그리고 가까스로 전세 사기 주택에서 벗어나 더 안전한 집을 구할 때까지 정부 부처나 공공 기관으로부터 받은 도움은 없었다.

누군가는 이 일을 두 청년의 부주의 탓으로 돌릴지도 모른다. 조심히 살펴봤다면 피할 수 있는 일이었을까? 그러나 '왜 당했냐?'라는 말은 아무 의미가 없다. 세입자들의 돈을 떼먹을 작정을 하고 달려드는 사람들은 생각보다 훨씬 치밀하고, 주택임대차 시장의 구조적 허점을 정확히 이용하기 때문이다.

부동산 중개 플랫폼은 사기꾼을 걸러내지 못했다. 가짜 중개사는 중개사 자격증이 걸려 있는 합법적인 사무실에서 계약을 진행했다. 하지만 알고 보니 그 사무실은 다른 공인중개사의 이름을 빌린 곳이었고, 진짜 중개사는 돈을 받고 서류를 대신 처리해준 것이었다. 분양 대행업체는 같은 동네에 있는 자기 건물들로 전세가를 끌어올렸고, 그렇게 시세는 쉽게 부풀려졌다. 그런데도 시중 은행은 무분별하게 대출을 승인했다. 같은 방식으로 피해를 본 실제 세입자들도 있었다. 이 모든 과정이 불법과 무법의 경계를 넘나들며 벌어졌다. 빈틈은 세입자가 아니라 허술한 제도에 있었다. 진짜로 '덜렁덜렁'댄 주체는 제도 그 자체였다.

불법 중개와 합법 계약

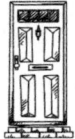

공인중개사는 부동산 매매나 임대차 계약에서 당사자들이 안전하고 공정하게 거래할 수 있도록 돕는 전문가다. 임대인과 세입자를 연결하는 일은 반드시 '국가가 자격을 부여한' 공인중개사가 해야 한다. 중개보조원은 법적으로 중개 자격이 없다. 중개사의 실무를 보조할 수는 있으나 그 역할을 '대리'할 수 없으며, 당연히 중개 보수도 받을 수 없다.

중개사 없이 보조원이 단독으로 계약을 중개했다면 관할 구청에 불법 중개 행위로 신고할 수 있다. 중개 보수를 받지 않았더라도 보조원이 중개사의 이름과 도장을 사용해 계약을 처리했다면 역시 신고 대상이다. 또 중개사가 자신의 이름이나 상호를 다른 사람에게 빌려줄 경우에는 1년 이하의 징역 또는 1천만 원 이하의 벌금형을 받을 수 있다.

앞서 이야기한 가짜 중개사 사례는 이 모든 규정을 위반했다. 그런데도 청년들은 불법 중개 행위를 신고하고 영업 정지 처분을 이끌어내기까지 한참을 고생해야 했다. '고작' 그런 일로는 처벌할 수 없다는 구청 담당자의 말에, 청년들은 경찰청, 국민신문고 등 여러 기관을 돌고 돌아야 했다. 피해를 입은 당사자들이 직접 사기 수법을 파헤치고, 그 피해를 입증해야 했던 것이다.

이후 가짜 중개사가 털어놓은 바에 따르면, 이 사건은 시세를 인위적으로 부풀린 뒤, 이를 바탕으로 계약을 유도하는 조직적인 전세 사기였다. 건축주는 일종의 '전세 사기 현장 팀'에 건당 5천만 원의 수수료(리베이트)를 주기로 약속하고 건물 전체의 전세 계약과 분양을 맡겼다. 전체 컨설팅을 진행하는 분양 대행업체, 세입자를 끌어오는 가짜 중개사, 대출을 담당하는 은행 상담사 등이 전세 계약이 체결될 때마다 수수료를 받아 나누어 가지는 구조였다.

감정가 3억 원짜리 집을 4억 3천만 원으로 부풀리고, 세입자가 자신의 이름으로 그만한 돈을 대출받으면 분양 대행업체가 거기서 수수료를 떼어 가짜 중개사 등과 나누는 것으로 한 사이클이 돌아갔다. 실제 계약을 체결할 때는 미리 섭외한 근처 중개 사무소에 약간의 돈을 주고 계약서 대필을 맡겼다. 그래도 돈이 남았다. 대단한 부동산 할인 패키지처럼 포장되었던 대출 이자 지원도 결국 세입자가 어렵게 구한 돈에서 흘러나온 것이었다.

그런데 문제는 전세 사기를 목적으로 한 주택일지라도 '계약'을 했다는 사실이었다. 그래서 사기 일당은 해당 주택임대차 계약이 정당하다며 계약을 파기하더라도 계약금 2천만 원은 돌려줄 수 없다고 주장했다. 그들에게는 믿는 구석이 있었다. 바로 '수십 년 동안 이렇게 해 왔다'는 경험, 이미 수많은 세입자가 같은 방식으로 이 전세 계약에 유인되어 왔다는 현실이었다. 이 사건에 자문을 해준 일부 공인중개사와 변호사들조차 현실적으로 사기 일당을 믿고(?) 4억 3천만 원짜리 전세에 들어가거나, 계약금 2천만 원을 포기하는 것 중 하나를 선택할 수밖에 없다고 답했다. 그런데 이것을 어떻게 '선택'이라 말할 수 있을까?

여전히 탈출하지 못한 경험

"계약을 실수로 했으면 '제가 잘못했습니다. 사정이 이렇게 됐으니 도와주세요.'라고 해야지, 요즘 젊은 사람들은 다짜고짜 예의 없이 계약금을 돌려 달라고 해? 그럼 계약서를 뭐 하러 써? 계약이 장난인 줄 알아? 인간적으로 '죄송합니다' 하고 잘못을 빌고 부탁을 해야지, 어디 건축주

사장님한테 버릇없이 딱 전화를 하고 법적 대응을 운운해? 지금 우리한테 명령하는 거야? 어떻게 세상을 그런 식으로 살아?"

"아무리 세상이 바뀌었다고 해도 그렇지, 고생해준 ○○씨(=가짜 중개사)랑 우리를 싹 다 무시하면 우리 입장이 뭐가 되냐고. 그러니까 '죄송하다'고 분명히 말하고 사정하라는 거야."

"그러니까 처음부터 여기 와서 사과하고 '마음고생 시켜드려서 죄송합니다. 수고비라도 드릴 테니 계약금 돌려주실 수 있을까요?'라고 말하는 게 맞다는 거지. 그러면 우리가 안 돌려주겠어? 세상을 인간적으로 살아야지. 그렇게 정 없이 살면 안 돼."

"(전세 사기를 보도하는) 방송 보면 사기다 뭐다 하는데, 부동산 하는 사람들 입장은 하나도 안 들어가 있어. … 우리처럼 정당하게 일하는 사람들이 피해를 너무 많이 보고 있어."

"나이 몇 살이나 먹고! … 법적으로 대응하겠다 뭐다 그

렇게 하는 거 갑질이야."⁸

  청년들은 한 달 내내 계약 파기를 거부하는 사기 일당에게 끊임없이 시달렸다. 그렇다고 포기할 수는 없었다. 계약금 2천만 원은 그들에게 그저 세상 배우는 값으로 치고 넘길 수 있는 돈이 아니었다. 삶의 기반이자 존재할 자리를 마련하기 위해 애써 모은 소중한 돈이었다. 나는 청년들과 현장에 동행했다. 때로 어떤 기억은 공기마저 잊히지 않는다. 그날 우리는 아주 많은 모욕을 마주하며 때로는 화를 냈다가 때로는 빌었다. 큰 잘못을 저지른 것처럼 움츠러들었다가, 숨소리조차 내지 못했다가, 온몸을 떨었다가, 크게 소리쳤다가, 비굴한 목소리를 냈다.

  이런 현장에서 주거권 활동가인 내가 하는 역할은 사실상 순순히 입을 닫지 않는 것이다. 우리가 할 수 있는 일은 세입자 권리 보호 체계가 미비한 이 공백의 지점에 발을 디딘 채, 입을 다물지 않는 것, 예의 없고 개념 없이 구는 것, 정 없고 버릇없는 젊은것이 되는 것이었다. 결국 계약은 파기되었고 청년들은 돈을 모두 돌려받았다. 이 일은 사기꾼들로부터 돈을 한 푼도 잃지 않은 소중한 승리였지만 우리는 기쁨보다 슬픔을 더 느꼈다. 당시 세입자 청년 중 한 명은 그때 느꼈던 우울과 절망을 글로 남겼다.

"실제 현장에서는 글에서 요약한 것보다 더 수위 높은 비아냥과 훈계를 들어야 했다. 자신들이 전세 사기 방송 보도의 피해자라는 적반하장의 주장, 돈 받고 싶으면 당장 여기서 '죄송하다'고 빌라는 모욕적인 협박, 예의 운운하는 인신공격…. 어쩔 수 없이 '요즘 개념 없는 젊은 사람들'이 되어 수모를 감당했다."

"우리 같은 물러 터진 일반인이 말싸움에서 이기는 것은 불가능했다. 그래도 시민 단체 친구들은 순순히 입을 닫지 않았다."9

우리 사회는 이런 일을 종종 '젊을 때 겪는 사회 경험'이라 포장하지만, 청년들은 그것을 '비아냥' '훈계' '모욕' '협박' '인신공격' '수모'라 말했다. 맞다. 그저 집이 필요했을 뿐인 세입자들이 경험한 그 모든 순간은 수모였다.

청년들은 보증금 전액을 송금하기 전에 다행히 그들의 사기 수법을 알아차려 빠져나올 수 있었다. 그러나 문제가 해결된 후에도 그 과정에서 겪은 위협과 불안은 삶에 깊은 흔적을 남긴다. 개인의 일상뿐만 아니라 그를 둘러싼 주변 관계와 공동체에도 오래도록 깊은 영향을 끼친다. 또 다른 세입자 청년은 이때의 경험 이후 주거 불안이 더 커졌다고 고백하며, 자신은 여전히 전세 사기로부터 '탈출'하지 못한 것 같다고 말했다.[10] 우리는 언제쯤 탈출할 수 있을까. 거짓된 말에 속고 보증금을 떼이고 자기 삶의 주도권마저 잃은 채 휘청이는 세입자들의 이야기가 지금도 이어진다. 이 굴레에서 모두가 벗어날 길은 없을까. 대체 어디서부터 바로잡아야 할까.

방 쪼개기의 기술

주택임대차 계약에서 공인중개사의 의무 중 하나는 '중개대상물 확인·설명서'를 직접 작성하고 세입자에게 그 내용을 설명하는 것이다. 이를 지키지 않으면 영업 정지 등 법적 제재를 받을 수 있다. 이 확인·설명서에는 소음이나 누수 여부 등 주거 품질 관련 정보뿐 아니라 건축법을 위반했는지, 빚이 얼마나 있는지, 경매 중이거나 압류가 걸려 있는지 등을 파악할 수 있도록 구성되어 있다. 그러나 현실에서는 많은 세입자, 특히 청년 세입자들이 이러한 설명을 제대로 듣지 못하는 경우가 많다. 주거 상담을 하다 보면 아무 설명 없이 서류만 건네받았다거나, 그런 서류가 있는지도 모르는 세입자들을 자주 만나게 된다.

'표준 주택임대차 계약서'(이하 표준 계약서)도 마찬가지다.

법무부, 국토교통부, 서울시는 민간 임대 주택 계약 전반에 활용할 수 있도록 표준 계약서를 공동으로 만들었다. 법에서는 이 계약서 사용을 권고하지만, 의무가 아니라는 이유로 대다수 중개사가 이를 외면한다. 실제 현장에서 주로 쓰이는 건 중개사와 임대인이 별도로 만든 간소화된 계약서다. 중개 관행이 그렇게 굳어져 있다. 이렇다 보니 표준 계약서에 세입자 보호 조항이 아무리 잘 담겨 있어도 실제로 사용되지 않는 이상 세입자에게는 무용지물일 뿐이다.

불법건축물을 임대하는 것은 불법이 아니다

우리나라에서 불법건축물에 세입자를 들이는 것은 불법이 아니다. 사실 '불법건축물'은 법령상 명확하게 정의된 개념이 아니며, 공식적으로는 '위반건축물'이라는 용어가 사용된다. 위반건축물은 쉽게 말해 불량 주택이다.[11] 대표적인 유형으로는 허가받은 용도를 임의로 바꾸는 '용도 변경', 면적을 늘리거나 방 하나를 여러 개로 나누는 '무단 증개축'이 있다. 민간 임대 시장에서 수익을 높이기 위해 흔히 벌어지는 불법 행위다. 관할 구청의 단속은 드물지만, 만약 적발되면 건축물대장에 '위반건축물'이라는 표시와 함께 구체적인 위반 사항이 기재된다. 이를 바로잡지 않으면 소유자는 과태료(이행 강제금)

를 내야 한다.

문제는 '위반건축물'로 표시되지 않은 집들이 너무 많다는 데 있다. 민달팽이유니온 활동가들은 주거 답사를 다니며 '원룸 건물의 80퍼센트는 불법'이라는 말을 농담 삼아 하곤 한다. 실제로 2020년 한 자치구에서 표본 조사를 했는데, 이미 위반건축물이거나 위반건축물로 의심되는 건물의 비율이 78퍼센트를 넘었다. 상황이 이러한데도 행정 인력과 예산이 충분하지 않다는 이유로 단속이 거의 이루어지지 않아, 많은 집이 위반이지만 위반 아닌 상태로 방치되고 있다.

'불법건축물'은 위반건축물을 포함해, 아직 단속되지 않았지만 불법 요소가 있어 세입자의 권리 보호에 문제가 생길 위험이 있는 주택을 가리킨다. 민달팽이유니온은 이 문제를 꾸준히 제기해 왔고, 그 결과 청년 주거 정책의 하나로 2021년 '불법건축물 감독관 제도'가 도입되었다. 이 제도의 취지는 청년들이 주로 거주하는 대학가·역세권의 불법 '방 쪼개기' 등을 집중적으로 단속해 시정 명령을 내리고, 불이행 시 과태료를 부과하는 것이다. 그러나 수년째 뚜렷한 성과 없이 제자리걸음만 반복하고 있다.

불법건축물은 우리 주변에서 쉽게 찾아볼 수 있다. 사무소 같은 업무용 시설(제2종 근린생활시설)이나 고시원을 비롯한 다중주택*을 불법으로 개조해 독립된 주거 공간으로 만드는 것이 대표적이다. 특히 대학가에서는 고시원 건물의 각 방마다 불법으로 부엌을 설치해 원룸처럼 꾸며놓고 임대하는 경우가 수두룩하다. 실제 집의 방 개수가 건축물대장에 적힌 방 개수와 다른 경우도 불법건축물에 해당한다. 건축물대장에는 505호까지 있는데 실제로는 506호가 있다면, 다른 방들의 면적을 줄여 방 하나를 더 만든 것, 즉 '방 쪼개기'를 한 것으로 볼 수 있다.

많은 세입자들이 자신이 계약한 집이 불법건축물이라는 사실을 알지 못한 채 입주한다. 계약 과정에서 중개사나 임대인이 감추는 경우가 많은 데다, 세입자가 물어보더라도 제대로 된 설명 없이 회유가 이어진다. "근린생활시설**에 살아도 세입자는 별문제 없어요." "전입 신고 가능해서 보증금 보호돼요." "위반건축물로 단속된 게 아니라서 대출은 잘 나와요." 그러나 모두 장담할 수 없는 말이다. 세입자는 국가가 공인한 전문가의 말을 믿고 계약을 진행하지만, 실제 현장에서는 불법건축물이라 전입 신고와 상관없이 보증금이 보호되지 않거

---

* 한 건물을 한 명이 소유하며 여러 사람이 각각 독립된 공간을 사용하는 형태의 공동주택. 면적과 층수 등의 제한이 있다. '세대'를 구성할 수 없다는 점, 쉽게 말해 개별 취사 시설을 둘 수 없다는 점이 다가구주택과 가장 큰 차이다.
** 근린생활시설은 주거지 인근 주민들이 일상적으로 이용하는 상가나 편의 시설을 말한다. 규모와 성격에 따라 편의점, 미용실 같은 1종 시설과 일반음식점, 학원 같은 2종 시설로 나뉜다.

나, 대출을 거부당하는 경우가 적지 않다. 운이 나빠 전세 사기라도 당한다면 보증금을 돌려받지 못할 위험에 놓이기도 한다.

세입자만 모르는 이야기

불법건축물 여부 외에도 세입자가 계약 과정에서 제대로 전달받지 못하는 대표적인 정보가 바로 시세다. 많은 전세 사기 유형이 소위 '깡통 전세'에서 발생한다. 깡통 전세는 집값보다 전세 보증금이 더 높거나 비슷해서, 혹시라도 집이 경매로 넘어갈 경우 세입자가 보증금을 온전히 돌려받기 어려운 전세 계약을 말한다. 예를 들어 감정가* 1억 5천만 원짜리 집을 보증금 1억 5천만 원에 세놓으면, 이 집은 깡통 중의 깡통, '무자본 갭투기' 주택이다. 단 한 푼의 자기 자금 없이 오직 세입자의 돈만으로 산 집이라는 뜻이다. 들인 돈만 놓고 보면 임대인의 집이라기보다 세입자의 집에 가깝다.

---

* 감정 평가사가 산정한 시장 가치.

조금 더 복잡한 형태의 '깡통'도 있다. 감정가 1억 7천만 원짜리 집을 보증금 6천만 원에 세놓았다고 해보자. 그런데 먼저 갚아야 할 빚(은행 대출, 먼저 계약한 세입자의 보증금, 미납 세금 등)이 1억 5천만 원이라면 어떨까? 1억 7천만 원짜리 집에 이 선순위 빚(1억 5천만 원)과 후순위가 된 세입자의 보증금(6천만 원)을 합치면 감정가를 훌쩍 뛰어넘기 때문에 이 집도 '깡통'이다. 누군가는 그만큼의 대출이 어떻게 가능하냐고 반문하지만(실제로 이런 질문을 많이 받는다), 놀랍게도 전세 사기 피해자 다수가 이런 비정상적인 일을 겪는다.

깡통 전세는 경매에서 절대적으로 불리하다. 시세가 부풀려진 집이기에 낙찰가가 대부분 보증금보다 낮기 때문이다. 경매로 건물이 매각되면 건물의 매각 대금보다 세입자의 보증금이 더 커서, 보증금이 공중분해되는 비극이 벌어진다. 이런 사례가 너무 많아서 주거권 활동가들은 '깡통 전세'를 아직 전세 사기가 발생하지 않았더라도, 그 위험이 매우 높은 계약 형태로 지목해 왔다. 사실 중개사가 정확한 시세와 중개 물건에 관한 정보(선순위 보증금, 은행 대출, 최우선변제권 등)를 충실히 설명하기만 해도 많은 피해를 예방할 수 있다. 그러나 현실에서는 이를 제대로 설명하는 일이 극히 드물다. 오히려 단순히 설명을 생략하는 수준을 넘어 잘못된 정보를 제공하기도 한다.

서울시 서대문구 신촌의 한 다중주택에서 전세 사기를 당한 피해자는 계약 당시 공인중개사에게 그 건물의 시세가 60억 원이라는 설명을 들었다. 하지만 경매에 넘어간 뒤 확인한 감정가는 20억 원대였다. 구로구의 한 오래된 빌라에 전세로 들어간 세입자도 중개사에게 비슷한 말을 듣고 계약했다가 사기를 당했다. 계약 당시 중개사는 건물에 대출이 없어서 안전하다는 말만 반복할 뿐 정확한 시세를 알려주지 않았는데, 알고 보니 전세가와 매매가가 동일한 깡통 전세였다.

많은 중개사가 자신이 세입자에게 불충분하거나 부정확한 정보를 제공하는 것을 심각한 문제로 여기지 않는다. '깡통' 여부를 확인해줄 의무가 없다는 인식이 업계 전반에 깔려 있다. 이런 현실에서 세입자는 중개 서비스를 이용하고도 보호받지 못하며, 계약의 위험은 온전히 세입자 몫으로 남는다.

만약 세입자가 직접 깡통 여부를 확인하려 한다면 어떨까? 등기부등본을 열람해 담보 대출 내역(근저당권)을 확인하고 중개사에게 물어본다면 달라질까? "대한민국에 이 정도 빚 없는 집 찾기 어려워요"라는 말을 듣게 될 가능성이 크다. 여기에 세입자를 안심시키려는 미사여구가 이어질 것이다. "우리 사장님(=집주인) 외제 차 타요." "대학교 교수예요." "의사예요." "크게 사업하시는 분이에요." "돈 많아서 보증금 떼먹을 일 없어요." "혹시 문제 생기면 우리 부동산에서 이 집

살게요. 경매 넘겨봤자 집주인만 손해지, 호재가 많은 곳인데. 앞으로 집값 더 오르면 전세가 더 오를 텐데, 걱정하지 마요." 중개사가 나서서 집주인의 자산 규모를 자랑하고 그러니 깡통이어도 안심하라고 부추긴다. 그러나 이후 보증금 미반환이나 전세 사기가 발생하면, 중개사가 거기까지 알 방도는 없었다며 발을 빼는 일이 흔하다. 물론 처벌도 어렵다.

과장도 아니고 농담도 아니다. 내가 상담한 인천의 한 청년 세입자는 깡통 전세지만 안전하다는 중개사의 말을 믿고 계약을 체결했다. 중개사가 집주인이 빚이 있지만 성실히 갚고 있다고 적극적으로 대변했고, 계약서 특약 조항으로 중개소에서 보증을 선다는 내용을 작성하기도 했다. 보증금 사고가 발생하면 중개소가 전액 지급하고, 혹시 경매에 넘어가 보증금 일부를 못 받게 되면 그 차액까지 보상한다는 내용이었다. 하지만 막상 문제가 터지자 그 중개소는 연락이 두절되었고, 특약은 아무런 법적 효력이 없었다. 결국 이 세입자는 전세금 9천만 원을 한 푼도 돌려받지 못했다.

3장

전세 사기는 사회적 재난

청년의 얼굴을 한 전세 사기

 어느 순간부터 전세 사기 피해는 청년의 얼굴을 하고 우리 주변을 공기처럼 떠돌고 있다. 한 다리만 건너면 전세 사기를 당한 청년의 이야기가 들린다. 나만큼은 그런 일을 당하지 않을 거라 믿었던 이가 다음 계약에서 피해를 입고, 사기가 두려워 전세 자체를 기피한 이는 가까운 사람의 피해 소식을 듣고 충격에 빠진다. 국토교통부 자료에 따르면, 2025년 8월까지 전세사기특별법에 의해 피해자로 '인정받은'* 누적 인원은 3만 3천 명을 넘어섰다. 그중 20·30대 청년층이 전체의 4분의 3을 차지한다.[12] 이 수치는 단순히 세입자가 주택 시장에서 겪는 '정보 비대칭' 문제만으로는 설명되지 않는다. 지금

---

* 국토교통부 산하 전세사기피해지원위원회에서 심사하고 있으며 여기서 피해자로 결정되면 전세사기특별법의 지원을 받을 수 있다.

대한민국을 살아가는 청년들에게 대체 어떤 비극이 벌어지고 있는 걸까.

신촌, 구로, 병점 전세 사기 사건

"저는 어제도, 그제도 피해자분들이 자살 시도를 했다는 소식을 전해 들었습니다. 팔에 붕대를 감고 나온 피해자, 유서를 써놓았다는 피해자의 이야기를 계속 듣습니다. 전세 사기 피해를 당한 것보다 아무도 나의 손을 잡아주지 않는다는 고립감, 국가로부터 버림받았다는 배신감, 그런 상태가 지금 피해자를 죽이고 있는 겁니다."[13]

"훌륭한 연구자가 되겠다는, 20년을 바쳐 온 꿈을 잃을 위기에 처했습니다. 저는 연구자의 꿈을 접을까, 아니 삶을 접을까, 하루에도 수십 번 수백 번 고민했습니다. 제 꿈을 지지해주던 가족들도 절망에 빠졌고, 모두 우울한 나날을 보내고 있습니다."[14]

2024년 6월 신촌, 구로, 병점에 거주하는 다수의 청년 세입자들이 임대인 최 씨에게 전세 사기를 당한 사건이 발생했다. 피해 주택은 모두 7채였으며, 피해자 94명 중 대부분이 1990

년대생 대학생이거나 사회 초년생이었다. 총 피해액은 백억 원을 넘었다. 나는 '전세 사기·깡통 전세 문제 해결을 위한 시민사회 대책위원회' 공동대표로서 이 사건을 해결하기 위해 피해자 대책위원회와 협력하며 사회적 공론화와 실무 지원에 함께했다.

전형적인 청년 대상 전세 사기인 이 사건은 청년들의 주거 현실을 단적으로 드러낸다. 가해자는 대학생과 사회 초년생이 마련하거나 대출받을 수 있는 1억 안팎의 보증금, 5~6평대 초소형 원룸, 주택 시장에 익숙하지 않은 청년층의 취약성을 노렸다. 자산이 없는 청년 세입자들은 '중소기업 취업 청년 대출', '청년 전용 버팀목 전세자금 대출' 같은 정부 지원 정책이나 은행·기업 대출을 이용해 보증금을 마련한다. 이들이 주로 계약하는 1~2억 원대 전세 매물은 주택 시장에서 갭투기의 최적 대상으로 꼽힌다. 비교적 적은 돈으로 부동산을 매입해 수익을 낼 수 있고, 젊은 층이 많이 찾는 가격대라 거래도 쉽기 때문이다. 2021년 '갭투기대응시민모임'이 전세 보증금 미반환 피해자 108명을 조사한 결과, 피해 보증금 규모는 1억 원대가 55.6퍼센트, 2억 원대가 34.3퍼센트로 나타났다.[15]

이 사기 사건에서 피해 주택 7채 중 4채가 '불법건축물'이었다. 대부분 5~6평대 좁은 원룸이 빽빽하게 들어찬 구조였고, 조금이라도 더 저렴한 집을 찾아야 했던 세입자들이 선택한 곳이었다. 그 집의 모습은 어떠할까? 청년 세입자들은 자신이 살고 있는 집을 이렇게 설명했다.

"둘이 서서 신발을 신고 벗기 어려울 정도로 작은 현관이 있고, 이 현관을 지나 일곱 걸음이면 방 끝까지 닿는 5평 남짓한 공간입니다. 침대, 수납장, 빨래 건조대, 테이블을 두고 나면 바닥엔 사람 한 명이 누울 만한 공간조차 없습니다. 특히 화장실은 성인 남성이 샤워하기 어려울 정도로 비좁습니다."

"두 명이 함께 걸어 다닐 수 없을 정도로 좁고, 침대에 앉아 발을 뻗으면 발바닥에 장롱이 닿을 정도입니다."

"부주의해서 당한 거잖아"

피해자들 중 가장 나이가 어린 세입자는 스무 살이었다. 이 세입자는 집주인이 소유한 다른 주택에서 이미 경매가 시작된 이후에 입주했다. 대책위 활동에 참여하고서야 자신이 입주하기 1년 전부터 보증금을 돌려받지 못한 세입자가 있었다는 사실을 알게 되었다. 공인중개사를 통해 집을 구하고, 제1

금융권에서 '중소기업 취업 청년 대출'로 보증금을 마련한 이 세입자에게 아무도 이런 상황을 알려주지 않았다. 그런 제도와 체계가 없기 때문이다. 피해는 이렇게 장기화되고, 새로운 피해가 그 위에 겹겹이 쌓이고 있었다.

청년들은 주거비를 아끼기 위해 전세를 선택할 수밖에 없었다고 말했다. 월세 인상을 규제하는 제도는 없지만, 전세 대출을 지원하는 제도는 많다. 연희동의 약 8평대 신축 원룸 월세가 백만 원에 달하는 상황에서 대출을 활용하는 편이 낫다고 판단했다. 대체로 은행 이자가 월세보다 낮기 때문이다. 게다가 청년 전용 대출은 정부와 은행이 보증하는 상품이어서 대출 승인을 받으면 안전한 계약이라 믿었다. 중개소가 추천하는 집이라면 신뢰할 만하다고 여긴 이들도 적지 않았다. 하지만 문제가 발생하자 정부, 은행, 중개사 모두 책임을 회피했고, 피해 회복은 고스란히 청년 개인의 몫이 되었다.

> "감당 가능한 이자 수준을 계산하다 보니 전세 1억짜리 집을 알아보게 됐어요. 당시 금리로는 전세 1억이면 이자가 20만 원 정도였거든요. … 이 집이 가장 마음에 들었어요. 부동산에서 원래 1억 3천만 원이었던 전세금을 깎아 1억 3백만 원에 해주겠다고 해서 계약했어요. 같은 가격대 다른 집보다 상태가 좋고, 부동산에서 이 집을 추천

해줬으니까요. '이런 매물 없고, 아마 지금 지나면 이 집 찾는 사람 많아져서 다음에 오면 없을 수도 있다'고 하면서요.

사실 그 부동산에서 딱 세 개 매물을 보여줬거든요. 두 개는 환경이 너무 열악했고, 마지막으로 본 이 집이 제일 괜찮았어요. 앞서 보여준 집들은 전세 1억인데 고시텔과 다름없고 지저분했어요. 그런데 나중에 보니까 그게 수법이었던 것 같아요. 사기 피해자 실태 조사를 해보니까, 제가 계약한 그 부동산에서 계약한 사람이 70퍼센트가 넘더라고요. 다 비슷한 말을 들었고요."

이 청년은 계약 과정에서 건물 등기부등본에 이미 잡혀 있던 대출(선순위 근저당)을 확인하고 불안한 마음에 부동산에 설명을 요청했지만, "이런 건물에 이 정도 빚이 없으면 그런 게 오히려 깡통 전세"라며 전혀 걱정할 필요가 없다는 말을 들었다. 자신이 계약한 집이 불법건축물인 것도 대책위 활동에 참여하고 나서 알게 되었고, '중개대상물 확인·설명서'의 존재는 나와 인터뷰하면서 처음 들었다고 했다. 다른 피해자들도 비슷했다.

"전세 계약할 때 중개보조원에게 선순위 보증금 액수와

전월세 비중을 여러 번 물어봤어요. 집주인 말만 믿을 수 없으니 서류로 잘 좀 알아봐 달라고 부탁까지 했어요. 그런데 확인받은 액수와 비율이 모두 거짓이었어요. 중개사는 집주인이 부자라서 보증금 못 받는 일은 없다, 우린 위험한 건물은 중개 안 한다고 확신에 차서 말했어요."

"중개사가 최우선변제금을 설명하며 보증금을 전부 돌려받을 수 있다고 속였어요. 나중에 보니 최우선변제 정책을 전혀 이해하지 못하고 한 말이더라고요. 집주인이 사업 크게 한다고 계속 언급하면서 혹시 경매에 넘어가더라도 괜찮다고 얘기했어요."

"계약 당시 전세 사기 이야기를 꺼내며 걱정된다고 말했어요. 등기부등본에 있는 대출도 걱정된다고 하니까 집주인과 중개사는 전혀 문제없고 안전하다며 안심시켰습니다."

이런 현실에서 전세 사기를 두고 세입자의 부주의를 탓하는 것은 피해자에게 책임을 떠넘기고 구조적 문제를 은폐하려는 태도일 뿐이다. 지금의 전세 사기는 세입자가 더 똑똑해진다고 피할 수 있는 문제가 절대 아니다.

많은 피해자들이 보증금을 떼먹은 임대인, 불법 중개 행위를 한 공인중개사를 형사 고소한다. 이는 특별법의 지원을 받는 등 피해 회복을 위한 선택이기도 하지만, 또 다른 피해가 발생하지 않도록 처벌을 통해 흔적을 남겨야 한다는 결심이기도 하다(보증금을 돌려받으려면 별도의 민사 소송을 제기해야 한다). 그러나 처벌의 형량은 피해자들을 만족시키지 못한다. 가중 처벌이 이루어진다고 해도 최대 형량이 15년에 불과하다. 피해자들 사이에서는 "백억대 사기꾼이 몇 년만 살다 나오면 끝이니 전세 사기꾼은 고연봉자나 다름없다"는 울분이 터져 나온다. 공범 성립 요건이 매우 엄격해 사기죄로 중개사를 처벌하기도 쉽지 않다. 법의 논리는 세입자들의 고통을 담아내지 못한다. 수많은 피해자들이 피해 회복은커녕, 가해자 처벌조차 쉽지 않은 현실을 견디고 있다.

피해자 쫓아내기

주택이 경매로 넘어가면 필연적으로 '퇴거'가 뒤따른다. 경매 법원에서 집은 재산일 뿐이다. 2023년 2월 28일, 인천 미추홀구 전세 사기 피해로 스스로 목숨을 끊은 첫 희생자의 비극은 법의 질서가 생명보다 우선하며 빚어졌다. 그는 생전에 국회에 모인 정부 당국자들에게 한 푼도 돌려받지 못한 채 경매로 집이 넘어가고 퇴거까지 해야 하는 고통을 잠시라도 멈춰 달라며 '경매 유예'를 요청했다. 돌아온 답은 선례가 없어 불가능하다는 것이었다. 그는 좌절했다. 그만의 좌절이었을까? 이미 수십 년간 수많은 세입자가 경험해 온 절망이었다. 그의 죽음 이후 다른 피해자들의 죽음이 잇따랐다. 결국 전세사기특별법이 제정되었고, 희생자들이 죽음으로 탄원한 '경매 유예'는 이 법의 가장 중요한 조항으로 포함되었다.

그렇게 만들어진 특별법이다. 이 법에 따라 전세 사기 피해 주택은 최대 1년간 경매·공매를 유예할 수 있게 되었다. 필요할 경우 연장도 가능하다. 하지만 현실에서는 다르게 작동했다. 앞서 이야기한 신촌, 구로, 병점 전세 사기 사건의 경우 경매 유예 조치가 내려진 지 불과 3개월 만에 경매가 재개되었다. 또 다른 문제도 있었다. 세입자들보다 먼저 돈을 돌려받을 권리(선순위 채권)를 지닌 은행이 그 권리를 대부업체에 넘긴 것이다. 이렇게 되면 대부업체가 자신의 이익을 내세워 경매 유예 취소를 신청할 수 있고, 법원은 재량으로 이를 결정한다. 대개 경매는 재개되고 피해 세입자들은 보증금 전액을 잃고 살던 집에서 쫓겨났다.

강제 퇴거는 하루아침에 갈 곳 없는 피해자들을 절벽으로 내몬다. 은행은 돈의 논리를, 법원은 법의 질서를 내세우지만 우리의 삶이 그보다 하찮을 리 없다. 피해자들의 절박한 목소리에 귀 기울여 더는 희생이 반복되지 않도록 해야 한다.

물론 경매가 미루어진다고 해서 피해자들에게 다 이로운 것은 아니다. 후순위로 돈을 받게 되어 있다면, 미루어지는 기간만큼 선순위자가 받는 이자(지연 이자)가 불어나기에 경매에서 기대할 수 있는 몫이 점점 줄어들 수밖에 없다.

앞서 언급했듯이 경매에서 다른 누구보다 먼저 돈의 일부라도 돌려받으려면 최우선변제권이 필요하고, 그러려면 소액 임차인으로 인정받아야 한다. 신촌, 구로, 병점 전세 사기 사건 대책위에서 파악한 바로는 피해자 중 최우선변제를 적용받는 비율은 39.3퍼센트에 불과했다. 이는 '한국도시연구소'와 '주거권네트워크'가 2023년 진행한 〈전세 사기·깡통 전세 피해 가구 실태 조사〉에서 나타난 최우선변제 적용 대상 비율과 비슷한 수준이었다.[16] 즉 상당수 피해자들이 보증금의 일부조차 회수하지 못하는 상황에 처해 있는 것이다.

최우선변제를 적용받는 비율이 이토록 낮은 데는 현행법의 불합리한 기준이 있다. 예를 들어 서울의 경우 2025년 기준 보증금이 1억 6500만 원을 넘지 않아야 5500만 원의 최우선변제금을 보장한다. 보증금이 1억 7천만 원이라면 단 5백만 원 차이로 대상에서 제외된다.

더 심각한 문제는 소액 임차인 적용 여부를 세입자가 그 집을 계약한 시점이 아니라 임대인이 그 집으로 처음 대출을 받은 시점(최초 근저당권 설정일)을 기준으로 한다는 점이다. 예를 들어 1984년에 처음 대출이 발생한 서울의 집이라면, 세입자가 1984년에 계약하든 2025년에 계약하든 상관없이 1984년 기준으로 보증금이 3백만 원 이하여야 최우선변제금을 받을 수 있다. 301만 원만 되어도 못 받는다. 터무니없는 기준이다.

실제 전세 사기 피해자들의 사례를 보자. 인천에서 2021년에 전세 보증금 7천만 원으로 계약한 세입자는 당시 기준(1억 3천만 원 이하)에서는 분명 소액 임차인에 해당했다. 하지만 이 집은 2011년에 잡힌 빚이 있었고, 이 때문에 2011년 기준(6500만 원)이 적용되어 최우선변제 대상에서 제외되었다. 또 다른 세입자는 2019년 보증금 7200만 원으로 계약한 뒤, 2021년 재계약 때 집주인의 요구로 보증금을 9천만 원으로 올렸다. 그런데 이 집의 빚이 발생한 시점은 2017년이었고, 당시 소액 임차인 기준은 8천만 원이었다. 재계약 때 보증금을 올린 탓에 기준을 초과한 것이다. 이 두 피해자는 최우선변제금조차 받지 못한 채 고통 끝에 세상을 떠났다.[17]

피해자들을 구제하기 위한 제도라면 지금보다 훨씬 유연하고 현실적인 기준을 가져야 한다. 제도가 오히려 피해자를 법 바깥으로 내모는 상황이 계속된다면 전세 사기라는 재난은 결코 끝나지 않을 것이다.

파산과 회생 사이

2025년 8월 어느 더운 여름날, 나는 서울 대림동의 한 다가구주택에서 전세 사기 피해를 입은 1997년생 세입자 수현 씨를 인터뷰했다. 그날 수현 씨는 내게 후회한다는 말을 꺼냈다. 4개월 전 동갑내기 이웃의 개인 회생을 만류한 일이 마음에 걸린다고 했다. 그 이웃은 수현 씨와 같은 건물에 거주하며 같은 집주인에게 전세 사기 피해를 당했다. 피해 사실을 알게 된 때가 4월이었다. 같은 건물 세입자들이 모두 후순위 임차인(세입자)이라는 사실을 확인한 뒤 그 이웃은 서둘러 개인 회생을 신청하려 했다. 그때 수현 씨가 말렸다. 개인 회생보다 더 나은 방법이 있을 거라 생각했던 것이다. 그러나 고작 4개월 만에 수현 씨는 그때의 자신을 후회했다.

말릴 만도 했다. 지금은 2025년이 아닌가! 전세 사기로 온

나라가 떠들썩했던 때가 2023년이었다. 그해 전세 사기 피해자들을 위한 특별법도 생겼고, 최근에는 개정까지 되었다. 2025년에도 전세 사기가 터지고 있으며 그것이 자신의 문제가 되었다는 것은 분명 놀라운 일이었지만, 그래도 믿음이 있었다. 피해 구제가 가능하리라는 믿음이었다.

같은 건물의 세입자들과 함께 대책을 알아보면서 믿음은 곧 불안으로 바뀌었다. 여러 전문가에게 상담을 받아봤지만 돌아온 답은 한결같았다. "그냥 회생하세요." "2백만 원만 주시면 파산이나 회생 도와드릴게요." "저희가 많이 해봤는데 이거 답이 없습니다." "회생이 제일 나아요." 어떻게 하면 보증금을 돌려받을 수 있느냐는 질문에 회생이 가장 낫다는 답을 듣고 황당함을 느꼈다. 뭔가 잘못됐다. 수현 씨는 되묻고 싶었다. '집주인이 파산했는데 왜 나도 따라서 파산·회생해야 하지?' 수현 씨는 보증금을 되찾기 위해 발로 뛰는 내내 세상이 잘못됐다고 느꼈다.

전세사기특별법이 제정된 지 2년이 흘렀다. 한 차례 개정된 지도 벌써 1년이 되어 간다. 그러나 여전히 전세 사기는 활개 치고 계속 진화하면서, 피해자들은 보호받지 못한 채 법과 제도의 바깥을 떠돈다. 피해 세입자들은 개인 회생을 통해 스스로를 구하는 것이 최선이라 여겨지는 현실을 살아간다. 그마저도 여의치 않은 사람들도 있으니 회생이라도 할 수 있으면 다행이라는 말이 나올 정도다. 이게 정말 최선일까? 피해자들은 왜 개인 회생으로 살아남아야 하느냐고 묻는다.

파산하는 집주인, 회생하는 세입자

2025년 1월 초 수현 씨는 전세 계약을 했다. 그런데 2월에 집주인은 파산 절차에 들어갔다. 총 58가구의 세입자들 중 이 사실을 안 사람은 아무도 없었다. 4월 초, 한 세입자가 건물에 붙은 '단수 예정 통지서'를 발견했다. 또 다른 세입자는 건물 청소를 맡은 분들로부터 "집주인과 연락이 닿지 않아 일을 그만둔다"는 말을 들었다. 세입자들이 모여 사태를 확인했을 때, 이미 집주인과는 연락이 끊긴 상태였다.

집주인이 파산했다는 사실은, 마찬가지로 연락이 닿지 않던 공인중개사를 찾아갔다가 다른 중개사를 통해 전해 들었다. 그들끼리는 공유된 정보를 세입자들만 몰랐던 것이다. 다급히 정보를 모았다. 집주인이 소유한 다른 건물들을 찾아갔다. 새벽에 출근하는 사람을 붙잡아 물어보기도 하고 안내문을 뿌리기도 했다. 그렇게 세 채 건물의 세입자들이 모여 타임라인을 맞춰본 후, 수현 씨는 자신이 거의 마지막 희생양이었다는 사실을 알게 되었다. 새로 입주한 세입자는 1월이 마지막이었고, 2월에 계약 만료로 나가려던 한 세입자에게 집주인이 자신은 줄 돈이 없다고 통보한 것이 시작이었다.

집주인의 파산 소식을 모르고 3, 4월에 계약을 연장한 세입자들도 있었다. 집주인은 파산 사실을 숨긴 채 "금액 안 올릴 테니까 그냥 연장하시죠" 하면서 계약 기간만 2년 늘렸다. 세입자들을 철저히 속이고도 거리낌이 없던 그는 지난 7월 파산 선고를 받았다. 피해 세입자들이 법원에 의견서를 제출했지만 파산은 그대로 진행되었다. 수현 씨는 "전세 사기 가해자가 파산이라는 탈출구를 통해 책임을 회피"했으며, "모든 보증금에 대한 권리가 사라질 위기"에 놓였다고 말했다. 58가구의 세입자들은 파산한 집주인이 떠나버린 그 집에 꼼짝없이 묶이게 되었다.

아직은 지루할 수 없는 이야기

원룸과 투룸, 신축과 구축, 1인 생활과 공동 생활을 모두 경험한 수현 씨에게 그 집은 합리적이고 만족스러운 선택이었다. 전세 대출을 이용할 수 있었던 것도 운이 좋다고만 생각했다. 집주인이 파산하기 전까지는 말이다.

다시 말하지만 지금은 2025년이고, 전세 사기 피해자 대부분이 청년층이며 이들 중 상당수가 '중소기업 취업 청년 대출' 같은 정부의 금융 지원 정책을 이용했다는 점이 이미 드러났다. 그런데도 은행에서는 기존 방식 그대로 대출 심사를 하고 승인했다. 수현 씨는 아무런 제재 없이 손쉽게 이 대출을 받았고, 그렇게 빚을 짊어졌다. 같은 건물에는 정부 대출을 이용한 세입자들이 여럿이다.

공인중개사와 집주인은 건물 시세를 부풀렸다. 그런데도 대출은 아무 문제 없이 잘 나왔다. 심지어 같은 건물에 사는 전세 세입자 12명 중 8명이 동일한 은행을 통해 같은 방식으로 대출을 받았다. 집주인과 중개사가 세입자에게 대출받을 은행을 알려주고 심지어 상담 직원까지 연결해주었다. 그런데도 은행이 책임에서 자유로울 수 있을까? 수현 씨는 최근 전세 대출 제도의 개선 방안을 제안하는 기자회견에서 이렇게 말했다.[18] "금융 기관이 형식적인 대출 심사로 아무런 손해 없이 역대 최고의 이자 수익을 거두는 동안 세입자들은 전세 사기 피해자로 내몰렸습니다." 은행이 이자 잔치를 벌이는 동안 세입자는 빚 잔치를 연다. 분명 뭔가 잘못됐다.

최근 중소기업 취업 청년 대출 정책이 종료되고, 조건이 더 강화된 '버팀목 전세자금 대출'로 통합되었다. 그러나 이 정책의 10년 기한을 생각하면 이미 대출을 이용한 청년들의 위험은 여전히 남아 있다. 게다가 버팀목 대출 상품 중 일부는 전세 사기 피해 발생 시 세입자의 보증금을 보호해주지 않는 유형(보증보험 가입이 의무가 아닌 상품)이 포함되어 있다. 청년들 대부분이 해당 대출을 이용할 텐데, 제도적 허점은 그대로인 것이다. 사기를 당한 피해자들이 입을 모아 말하는 것도 같다. "대출이 승인되지 않는 집이었다면 계약하지도 않았을 것입니다!" 그런데도 아무 일 없다는 듯 제도는 그대로 작동한다.

수현 씨는 2025년 1월에 입주한 집에서 전세 사기를 당한 자신이 존재하는 것 자체가 제도와 정책의 실패를 말하는 것 아니냐면서, 전세 사기 피해 구제에 지지부진하게 구는 정부와 국회의 태도를 두고 이렇게 말했다. "내가 이렇게 버젓이 살아 있는데 왜 지루한 얘기처럼 여길까요?"

특별하지 않은 특별법

수현 씨는 집주인을 상대로 민사 소송과 형사 고소를 진행했고, 최근 국토교통부 산하 '전세사기피해지원위원회'의 심사를 거쳐 어렵게 피해자로 인정받았다. 그렇지만 그는 특별법 지원으로 과연 달라지는 것이 있을지 회의적이었다. 특별법의 좁은 구제 기준이 피해자들의 다양한 현실을 제대로 반영하지 못한 채, 많은 사례를 제도 바깥으로 밀어냈기 때문이다.

2025년 이재명 정부가 들어선 지금도 피해자 인정 기준은 여전히 윤석열 정부 시절 잣대에 머물러 있다. 특별법 제정에 미온적이었고 개정안에는 거부권을 행사한 그 정부 말이다. 2023년 윤석열 정부는 전세사기특별법을 제정하며 피해자 인정 요건에 여러 제약을 걸었다. 임대인에게 보증금을 돌려받지 못한 모든 세입자를 피해자로 인정해 지원한다면 세금이 낭비될 수 있다는 이유였다. 전세 사기 문제 해결의 책임자를 자임한 당시 원희룡 국토교통부 장관은 "모든 사기는 평등하다"며 피해자들이 요구한 '선(先)구제 후(後)구상'*을 혈세 낭비, 포퓰리즘으로 몰아 피해자들의 분노를 샀다.[19]

2024년 8월 국회를 통과한 개정법은 피해자 범위를 확대하고 피해 주택의 공공 매입과 피해자들의 임대 주택 거주 지원을 비롯한 공적 지원 방식을 도입했지만, 여전히 턱없이 부족하다. 2025년 7월 30일 기준 누적 통계에 따르면,[20] 지자체에 접수된 피해자 신청 건수는 53,900건이고, 이 가운데 국토교통부로 이관된 52,776건 가운데 51,338건이 처리되었다. 그러나 그중 1만 건이 넘는 신청이 피해자 요건(1~4호)을 충족하지 못해 부결되었고, 약 5천 건은 전액 회수가 가능하거나 경매·공매 완료 후 2년이 경과하는 등의 사유로 제외되었다.

---

* 국가가 먼저 피해자에게 보증금을 지급하고, 이후 임대인을 상대로 구상권을 행사해 회수하는 방식.

특히 문제는 피해자 요건 4호 '보증금 미반환 의도 미충족'이다. 이 조항 때문에 부결된 건수만 총 9,924건인데, 전체 부결 사유의 98퍼센트다. 다른 요건은 모두 충족했으나 오직 4호만 미충족한 경우(65.8퍼센트)와 4호를 비롯해 다른 요건도 함께 충족하지 못한 경우(32.8퍼센트)를 모두 합한 수치다. 피해자 인정에 관한 문제는 반드시 더 개선되어야 한다. 특히 임대인의 기망(사기) 여부를 따지는 4호는 삭제하거나, 대체 기준을 마련해야 한다. 이 기준 때문에 너무나 많은 피해자들이 피해를 입었는데도 피해자로 인정받지 못하고 있다. 형사 고소를 해도 수사 단계에서 증거 불충분으로 재판받을 기회마저 잃어버리는 사례들이 발생하자, 피해자들은 직접 발로 뛰며 증거를 모으고 사기 수법을 파헤치기 위해 애쓰기도 한다. 보증금을 돌려받지 못한 상태 자체가 곧 증거가 되지 않기 때문이다. 임대인의 사기 혐의에 관한 수사 상황에 따라 세입자들의 피해 구제 여부가 결정되는 현실은 입증의 책임마저 피해자들에게 떠넘기는 것이다. 이것을 바꾸지 않는다면 윤석열 때와 다를 것이 없다.

나중에 말고 지금

수현 씨를 비롯한 피해자들은 지금의 여당이 불과 몇 개월

전 야당이던 시절에 함께 외쳤던 약속을 지켜주길 바란다. 전세 사기 피해자로 인정받기 위한 요건과 절차를 완화하고 더 많은 피해자가 제도적 보호를 받을 수 있도록 개정하겠다는 약속 말이다. 또 '선구제 후구상', '최소 금액 보장' 약속도 이행하길 촉구한다. '최소 금액 보장'은 단 한 푼도 돌려받지 못하는 피해자에게 보증금의 몇 퍼센트라도 돌려받을 수 있도록 법적 근거를 마련하는 것이다. 야당 시절 더불어민주당은 최소 보장 비율로 30퍼센트를 공약했다.[21]

수현 씨는 "'최소 보장이 되느냐 안 되느냐', '몇 퍼센트가 현실적으로 가능한가'를 놓고 벌이는 지금의 협상 과정이 거북하다"고 했다. 그가 보기에 현재의 논의 방식은 집을 놓고, 사람을 놓고 돈벌이만 하는 실패한 시스템의 반복일 뿐이다. 근본적인 문제는 돌아보지 않은 채 피해자에게 몇천만 원까지는 줄 수 있다, 그 이상은 못 해준다는 식으로 다투고 있기 때문이다. 심지어 피해자들 사이에서도 의견이 일치하지 않았다. "적은 금액이라도 돌려받을 수 있도록 요구하자"는 주장과, "그래봤자 나머지 피해는 개인이 떠안게 되니 근본적 문제 해결이 아니다"라는 주장 사이에 긴장감이 돌았다. 어떻게 해야 할까? 수현 씨는 집을 '권리'로 인식해야 피해 회복의 방안도 달라질 것 같다고 말했다.

수현 씨는 지금의 틀에서는 결국 개인 회생이 제일 나은 선택지라 했다. "차라리 '전세 사기 당했어요? 회생하세요.'라고 솔직하게 말해주는 게 낫겠어요. '너희에게 도움되는 거야' 하며 내놓는 정책들이 너무 기만적이에요. 이게 사회적 합의의 최대치라고 하는 말들이요." 타협의 결과는 결국 개인 회생을 가장 매력적인 선택지로 만들었다. 수현 씨는 말했다. "세입자도 집주인처럼 파산·회생하면 된다는 게 결론이라면, 그건 명백히 잘못된 세상이죠. … 개인 회생보다는 당연히 더 나은 길이 있어야 하잖아요."

내가 수현 씨로부터 그 말을 들었던 날은 전세 사기 피해에 대한 금융권의 사회적 책임을 촉구하며 서울 중구 은행연합회 건물 앞에서 기자회견을 연 날이었다. 햇볕이 몹시 따가웠던 날, 수현 씨는 '은행들은 사회적 책임을 다하라! 사상 최대 이자 수익? 전세 사기 피눈물!!'이라고 적힌 피켓을 들고 있었다. 수현 씨를 비롯해 전세 사기 피해자들은 자신의 상황과 삶을 통해 이 사회의 모순, 즉 구조적 불평등과 제도의 무책임을 고발하고 있다. 수현 씨는 "개인 회생보다 더 나은 선택지가 우리에게 주어질 때까지 지지 말자"고 말했다.

연료가 되고 싶은 사람은 없다

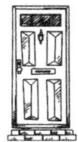

"우리의 보증금은 집주인의 사금융이 아니다."

2022년 7월 민달팽이유니온은 강서구 화곡동에서 발생한 전세 사기 피해 사례들에 대응한 직후 '보증금 먹튀 대응 센터'를 열며 이 구호를 전면에 내세웠다. 당시 민달팽이유니온 활동가들은 이 구호를 정하는 데 오래 고민했다. 지금은 이 말에 공감하는 사람들도 있고 다른 곳에서도 쓰는 표현이지만, 당시에는 그 자체로 급진적이라는 평을 들었다. 그래도 우리는 청년 세입자들에게 쌓인 울분을 정치화하고 싶었고, 그들을 그저 높은 집값을 지탱하는 연료로 써 온 한국 사회의 부정의하고 무법 지대와 다름없는 주택임대차 시장을 향해 문제 제기하고 싶었다.

수십 년간 세입자는 집주인의 사금융, 심지어 이자도 없고 상환 날짜를 마음대로 정하고 가끔 떼먹어도 괜찮은, 간편하고 관대한 돈벌이 수단으로 쓰여 왔다. 우리 사회에서 세입자의 위치는 모순적이다. 세입자로서 온전한 권리를 누리지는 못하지만 집으로 돈 버는 질서에는 복무해야 한다.

세입자는 돈이 드나드는 통로 그 이상도 그 이하도 아닌 것만 같다. 임대인은 세입자의 삶이 담긴 보증금을 자신이 맡고 있다는, 그래서 돌려주어야 한다는 의식도 없이 자산 증식의 수단으로만 여긴다. 세입자가 빚을 내서 돈을 마련해 오면, 임대인은 그 돈을 지렛대 삼아 계속 집을 사들이고 집세를 높인다. '갭투기'는 떳떳한 투자 방식으로 유행처럼 번져 나가고, 세입자가 부담해야 하는 빚은 전례 없는 규모로 커져 간다. 일부 양심 없는 중개사들은 이 투기 행위를 적극 조장한다.

세입자들은 수십 년간 복불복으로 '보증금 미반환'이라는 폭탄 돌리기를 하고 있다. 아무개 세입자가 불행을 겪은 그 자리에 또 다른 아무개가 들어와 불행을 이어 간다. 그런데도 정부는 무책임한 중개 관행, 위험한 전세 대출 제도를 방치하며 이러한 구조가 작동하도록 사실상 뒷받침한다. 그 결과가 현재 전국 곳곳에서 넘쳐나고 있는 전세 사기 피해자들이다.

제도가 없는 자리

공식적으로 집계된 전세 사기 피해자만 3만 명을 넘어서고 있지만, 여전히 전세 사기를 예방할 수 있는 근본적인 대책은 마련되지 않고 있다. 주거권 단체들은 오래전부터 공인중개사에 대한 관리·감독을 강화하고, 안전하고 평등한 계약을 위해 표준 계약서 의무화를 요구해 왔다. 그러나 정부는 임대인과 공인중개사 눈치를 보기에 바빠 실질적인 효과가 없는 정책을 내놓으며 생색내기에만 급급하다. 예를 들어 2023년 법무부 주도로 표준 계약서가 수정되었다. 임대인이 제시한 정보가 사실과 다를 경우 세입자가 계약을 해지할 수 있다는 특약이 신설되었다.[22] 하지만 이는 강제력 없는 형식적 조치에 불과하다.

특약 내용을 구체적으로 풀어보면 이렇다. 임대인이 세입자보다 먼저 돈을 받을 수 있는 사람(담보권자)을 몰래 만들지 않겠다고 약속하고, 이를 어기면 세입자가 계약을 해지하거나 손해 배상을 청구할 수 있다. 또 집이 경매에 넘어가면 국세·지방세가 가장 먼저 빠져나가는 상황에 대비해, 임대인의 미납 세금이 일정 금액을 넘을 경우 세입자가 계약을 해지하고 계약금을 전액 돌려받는다는 조항도 포함되어 있다.

내용은 좋다. 그런데 실제로 효과가 있을까? 이미 말한 대로 표준 계약서 사용은 의무가 아니기에, 중개사와 임대인은 이런 특약을 작성할 이유가 전혀 없다. 오히려 세입자가 이런 조항을 요구하면 까다롭게 군다며 트집을 잡는 게 현실이다. 정부에 등록된 임대 사업자의 경우 표준 계약서 사용이 의무이지만, 이 역시 형식적 절차에 그칠 뿐이다.

2024년 7월에 개정된 공인중개사법 시행령도 마찬가지다. 공인중개사가 집에 얽힌 권리나 관리비 내역 등을 설명하도록 의무화했지만 실제 현장에서는 거의 작동하지 않는다. 견고한 중개 질서를 바꾸려면 중개사 개인의 직업 윤리에 기대는 것만으로는 부족하다. 공공 기관이 철저하게 개입하여 주택임대차 계약에서 세입자가 겪는 정보 불균형과 불평등한 권력관계를 해체해 나가야 한다.

2023년 민달팽이유니온은 공익 변호사와 함께 주택임대차 제도 개선 연구를 진행하며, 깡통 전세 방지를 위한 법안 발의에 참여했다. 핵심 내용은 주택 가격의 70퍼센트 이하로 보증금을 제한하는 것이다(전세가율 규제). 또 표준 계약서를 모든 임대차 계약에서 의무화하고, 세입자의 알 권리와 재산권을 보장하기 위해 임대인에 대한 정보 제공과 공인중개사의 확인·설명 책임을 강화하도록 요구했다. 노동 현장을 관리·감독하는 근로 감독관 제도처럼, 임대차 계약 과정에서 일어나는 다양한 권리 침해를 사전에 살피는 '주택임대차 감독관 제도' 도입도 제안했다. 아울러 보증금 미반환 자체를 문제화하기 위해 미반환 발생 시 피해 보상금과 이자를 지급하도록 하는 규정도 포함했다.

현재 달라진 것은 거의 없다. 세입자가 집주인의 미납 세금을 열람할 수 있게 된 정도가 전부다. 세입자 권리를 보호하기 위한 구조적 변화가 계속 지연되고 있다.

세입자 = 서럽다

전세 사기는 악덕한 개인 몇몇이 자행하는 범죄가 아니다. 법과 제도가 채워야 할 자리를 수십 년간 비워 둔 결과, 주택 임대차 시장이 세입자를 착취하는 데 익숙해졌을 뿐이다. 세입자의 삶과 권리가 위협받더라도 방치한 이 책임에서 그 어떤 정치도 자유로울 수 없다. 그간 우리 정치는 보증금을 떼일 위험 속에서 사는 일상이 얼마나 깊은 존재의 불안으로 이어지는지 거의 관심을 두지 않았다. 개발과 공급 중심의 주거 정책은 언제나 '내 집 소유'에만 방점을 찍었고 세입자가 겪는 문제는 일시적이고 부차적인 것으로 취급해 왔다.

세입자들에게 쌓인 울분은 그렇게 길을 잃었다. 세입자로 사는 삶은 참으로 불안하기 짝이 없다. 그래서 사람들은 어서 빨리 돈을 모아서 내 집을 마련하자, 이리저리 대출을 받아서 내 집을 마련하자는 말들에 내몰린다. 그러나 그 말들 속에는 세입자로 존재하는 이가 그 자체로 존엄하고 평등할 수 있는 사회에 대한 상상이 없다. 세입자가 겪는 고통이 집의 소유 여부로 결정된다는 사고방식이 주거권에 대한 우리 사회의 인식과 가능성을 제한하는 것이다.

"집에는 곰팡이가 침대와 옷장을 뒤덮고, 집주인이 보증금을 안 돌려주고, 나는 2년마다 계속 이사를 다녀야 하는데 누가 안정적인 내 집에서 안 살고 싶겠어요. 투기는 주거 불안을 먹고 자라는 것 같아요. 세입자로 살면서 이런저런 권리 침해당하지? 너무 힘들지? 네 집을 사. 그럼 모든 게 해결될 거야. 그렇게만 접근하니까. '세입자=서럽다' 이렇게만 보고. 이걸 바꿔야 하는 건데, 세입자더러 벗어나라고만 하는 게 이상해요."

우리 사회에는 세입자로 사는 동안에는 안정적으로 머물 수 있는 집을 가질 수 없다는 관념이 깊이 박혀 있다. 정주하고 싶은 마음, 세 들어 사는 설움을 겪고 싶지 않은 마음, 나쁜 집주인을 만나고 싶지 않은 마음은 '내 집'을 마련해야 하는 이유가 된다. 세입자의 삶이 서럽고 모욕적이라는 문제는 재개발과 신축 아파트 건설의 명분으로 소비된다. 누가 우리를 이렇게 생각하도록 만들었을까? '내 집'은 분명 나의 정체성을 형성하고 구현하는 구체적 장소로서 의미가 있다. 그러나 그곳을 꼭 '소유'해야만 하는 이유는 무엇일까?

월세는 부담이고 전세는 불안하니 세입자들이 마음 편히 머물 곳은 점점 줄어든다. 이 세상에 내 몸 하나 있을 자리가 없을까 봐 걱정되고 두려운 나날이다. 나 역시 마찬가지다. 때때로 세입자라는 정체성을 지닌 스스로를 미완의 존재, 불완전한 존재로 여기며 괴로워한다. 그러나 내가 지금의 나를 구성하는 어떤 조건 때문에 불행해야 한다면, 문제는 나에게 있는 게 아닐 것이다. 세입자라는 정체성을 불행의 이유로 만드는 구조, 문제는 바로 거기에 있지 않을까?

4장

우리는 민달팽이 세대

제너레이션 렌트

한국 사회에서 '청년'이라는 말은 대체로 학업을 마친 뒤 노동 시장에 진입하여 독립적인 경제활동인구로 자립할 수 있는 '이행기'에 놓인 특정 연령대 집단을 가리킨다. 여기서 핵심은 '이행기'다. 청년은 목표를 향해 나아가고 있는, 아직은 미완의 상태다. 주거 문제에서 '이행'은 보통 부모를 비롯한 양육자가 마련해준 주거 공간에서 벗어나 자신만의 공간을 마련하는 과정을 뜻한다.[23] 좀 더 구체적으로 말하면, 한국의 특수한 전세 제도를 고려할 때, 월세-전세-자가로 이어지는 '주거 사다리'를 오르는 과정을 의미한다. 청년 주거 정책에서 핵심 대상인 '사회 초년생'은 이 주거 사다리에 막 올라타기 시작한, 약간의 도움으로 주거 상향이 가능할 것이라 기대되는 집단을 가리킨다.

그러나 오늘날 계속된 집값 상승으로 인해 이번 생애에는 도저히 사다리를 올라탈 수 없는 세대가 나타나고 있다. '제너레이션 렌트(Generation Rent)'는 평생 세입자로 살아가는 세대를 가리키는 말이다. 영국에서는 2000년대 초반부터 높아진 주택 가격과 민간 임대 시장의 불안정으로 인해 지금의 청년 세대가 자기 소득으로는 집값을 감당할 수 없어 평생 세입자로 살 것이라는 논의가 시작되었고, 이러한 청년 세대를 가리켜 '제너레이션 렌트'라고 부른 것이다. 심지어 청년 세대에게 집은 더는 사다리(housing ladder)가 아니라 쳇바퀴(housing treadmill) 아니냐는 자조적인 말까지 등장했다.[24] 열심히 일해도 그 자리 그대로이기 때문이다.

청년층이 세입자로 오래 머무는 현상은 대체로 수도권 집중도가 높고 저성장·고령화 국면에 접어든 국가들에서 공통적으로 관찰된다. 국토연구원 자료에 따르면, 우리나라처럼 수도권 집중도가 높은 영국과 일본에서도 청년층의 임차 가구 비율이 높다. 영국의 청년 가구 중 임차 가구 비율은 2006~2007년 44.3퍼센트에서 2012~2014년 61.8퍼센트로 크게 증가했다. 전체 연령대에서 임차 가구가 증가했지만 청년층 증가 폭이 가장 컸다. 일본의 상황도 영국과 유사한데, 비록 일본 청년의 임차 가구 비율은 2005년 72.5퍼센트에서 2015년 72.8퍼센트로 소폭 증가하는 데 그쳤지만, 이는 이미 임차 가구 비율이 절대적으로 높아 더 증가하기 어렵기 때문이라는 분석이다. 또 일본은 한국이나 영국에 비해 부모와 함께 사는 청년의 비율이 상대적으로 높은데, 이 비율도 증가하는 추세다.[25]

우리나라의 사정은 어떨까? 청년 세대의 주거 실태에 관한 여러 연구들은 청년층에서 자가 구매력 감소, 임차 거주 기간의 장기화, 주거비 부담 확대, 부모에 대한 경제적 의존 증가 현상이 나타난다고 분석한다.[26] 우리나라 청년 가구 중 임차 가구의 비율은 2000년 66.4퍼센트에서 2010년 69퍼센트로 증가했다.[27] 이 비율은 이후에도 꾸준히 상승했다. 연령 기준은 다소 차이가 있지만 국토교통부 '2023년 주거실태조사'를 보면 청년 가구 내 임차 가구 비율은 81.1퍼센트에 이른다. 비아파트에 거주하는 비율(68.4퍼센트)도, 주거 환경이 최저주거기준에 못 미치는 비율(6.1퍼센트)도 일반 가구나 신혼 가구 같은 다른 특성 가구*에 비해 높은 것으로 나타났다. 특히 최저주거기준 미달 가구가 많은 것은 청년 가구가 고시원, 판잣집, 비닐하우스 등 '주택 이외의 거처'**에 거주하는 비율이 상대적으로 높기 때문으로 조사되었다.[28]

---

* 가구 구성원의 특성, 경제 활동 상태, 소득 수준, 연령, 가족 유형 등 특정 기준에 따라 분류된 가구를 말한다. '주거실태조사'에서는 가구주의 연령이 만 19세 이상 34세 이하인 '청년 가구', 혼인한 지 7년 이하의 '신혼 가구', 가구주 연령이 만 65세 이상인 '고령 가구'를 특성 가구로 분류해 조사한다.

한국 사회에서 청년 문제는 어제오늘의 일이 아니다. 2000년대 후반, 구조적인 저성장 국면에 접어들면서 학업 기간은 길어지고 취업은 어려워진 반면 비정규직이나 불안정한 일자리가 늘어났다. 청년 세대는 노동 소득에 대한 불안이 점점 커져 가는 동시에, 세습을 통한 자산 불평등의 심화 또한 체감하고 있다. 많은 청년들이 보통의 월급만으로는 열악한 주거 여건에서 벗어나지 못할 것이라는 악몽을 꾼다. 이러한 상황이 고착화되면서 최근 한국 사회에서도 월세-전세-자가로 이어지는 주거 상향에 대한 회의가 커지고 있다. 주거 사다리에 올라타지 못할 세대, 내 집을 마련할 만한 경제적 수준에 이르지 못할 세대, 곧 '제너레이션 렌트', '세입자 세대', '민달팽이 세대'가 점차 가시화되고 있다.

평생 세입자로 산다면?

평생 세입자로 살아가야 한다니 많은 청년들이 불안해한다. 나 역시 마찬가지다. 지금 우리 사회에서 이 말은 저주와 다름없다. 벽에 못 하나 마음대로 박지 못하고, 집에 비가 새

** 주택 이외의 거처는 고시원처럼 건축물대장상 주택이 아니지만 사람들이 거주하는 용도로 쓰는 거처를 뜻한다. 고시원을 포함해 비닐하우스와 여인숙 등 주거 환경이 상대적으로 열악한 공간을 포함한다.

고 곰팡이가 슬어도 참고 살아야 한다. 언제 들이닥칠지 모르는 집주인도 견뎌야 한다. 임대료가 오를까 봐 눈치 보고 갑자기 쫓겨날까 봐 불안해한다. 이사 나갈 때는 보증금 떼일까 두렵고 새집 구할 때는 사기 당할까 의심해야 한다. 이 모든 삶의 위협을 평생 버텨낼 수 있을까?

SNS와 유튜브에는 갭투기, 경매, 임장, 청약, 재개발 정보가 넘쳐난다. 어차피 월급 모아서 집 사기는 어려우니 서둘러 대출받으라는 메시지가 반복된다. 재개발·재건축 또는 경매부터 시작해 상급지 브랜드 아파트로 나아가는 경로가 이 사회에서 경제적 자유와 안정된 노후를 보낼 수 있는 유일한 길처럼 포장된다.

청년 세대는 지금 자신의 처지를 부정하고 거기서 벗어나야 한다는 말에 둘러싸여 있다. 세입자에서 벗어나야 한다는 강박, 벗어나지 못하면 낙오할 것이라는 불안이 끊임없이 자극된다. 2000년대와 2010년대를 거치며 우리 사회는 '헬조선' '흙수저' '삼포 세대'라는 말로 청년 세대의 고통을 설명하고자 했다. 현재에 이르러서는 자조하거나 성찰적인 접근도 희미해지고 그 자리를 '각자도생'이라는 냉소적 구호가 대신하고 있다.

하지만 나는 '어쩌면 평생 세입자로 살지도 모른다'는 '민달팽이 세대'의 현실이, 우리 세대의 불안 담론으로 끝나서는 안 된다고 생각한다. 오히려 그 불안을 통해 서로의 위치를 확인하고 다음으로 나아갈 힘을 모을 수 있지 않을까? 불안은 변화의 씨앗이다. 더 나은 사회를 향한 열망의 토대이며, 불안을 야기한 사회에 질문을 던질 수 있는 힘이다. 세입자는 주택 시장을 굴러가게 하는 톱니바퀴가 아니라 집이 필요한 사람이다. 우리는 모두가 세입자에서 벗어나길 바라는 사회가 아니라 세입자여도 괜찮은 사회를 꿈꿀 수 있다. 이것이 지금의 민달팽이 세대가 함께 열어 갈 수 있는 다음 세계라고 나는 믿는다.

청년을 위한다는 말

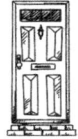

"대학에 입학해서 한 달 동안은 왕복 세 시간 넘게 통학했어요. 도저히 안 되겠어서 집을 구했는데 환경이 안 좋았죠. 좁고 벌레도 많고 방 밖의 화장실을 다섯 명이 같이 썼어요. … 집이 불편하고 만족스럽지 않다고 느꼈지만 어쩔 수 없다고 생각했던 것 같아요. '원래 이렇고, 다들 이렇게 살지 뭐.' 같은 마음 말이에요. 해결될 가능성이 없었기 때문에 더욱 그랬던 것 같아요. 학교 기숙사 건설이 주변 집주인들의 반대로 무산되고, 구청과 학교가 방관하는 모습을 보기도 했으니까요."

"우리 동네에 재개발 플래카드가 붙었다는 얘기를 엄마한테 했어요. 저는 '재개발 때문에 불안하다'라는 얘기를 한 건데, 엄마는 '잘됐다'고 하시는 거예요. 저는 여기가 재개발되면 당연히 내가 쫓겨나는 거고 내 동네가 사라질 거라 생각했는데, 엄마에게 재개발이라는 단어는 '잭팟'이라든가 '돈을 벌 수 있는 좋은 기회'로 더 크게 들렸던 것 같아요."

"제가 사는 동네에 재개발을 한다고 주민 동의서를 막 받더라고요. 집집마다 '주민 동의서를 받고 있으니 임대인에게 이야기를 해 달라'라는 스티커가 붙은 거예요. 그런데 나도 여기 사는데 의견을 낼 권한이 없는 거예요. 10년을 살아도 주민이 아닌 거죠. 주민세도 내는데요. 우리 동네를 어떻게 바꿀지, 어떻게 개발할지 의견을 낼 수 없는 거예요. … 재개발은 집을 소유한 사람과 소유하지 않은 사람 사이의 격차가 명징하게 드러나는 사안 같아요. 집주인들은 조합을 결성해 어떤 동네를 만들지 이야기할 수 있는데, 세입자들은 한마디도 못 하고 쫓겨나니까요."[29]

우리 사회에서 소유권은 곧 발언권으로 여겨진다. 이 집, 이 동네, 이 도시에서 목소리를 낼 자격이자 힘을 행사할 권리로 작동한다. 도시의 가치를 높이기 위해 반지하(저층 주거지), 판자촌, 성매매 집결지, 녹지를 개발하겠다는 목소리가 들린다. '우리의 품격'을 높이기 위해 고급 브랜드 아파트를 짓고 복합 쇼핑몰을 유치하겠다는 목소리, 이를 위해 민간 자본을 끌어들여 공공 부지를 영구히 팔아넘기겠다는 목소리가 사회 전체에 울려 퍼진다. 그곳에 실제 살고 있는 세입자들의 의견은 중요하지 않다. 소유권이 없으면 발언권도 없기 때문이다.

주택 소유자들의 이해관계를 중심으로 전개된 한국의 도시 개발과 부동산 정책은 도시로부터 세입자를 끊임없이 배제하고 소외시켜 왔다. 세입자들은 소유하지 않았다는 이유로, 도시가 어떻게 구성되어야 하는지에 대해 아무런 권한도 갖지 못한 채 도시 곳곳을 빌려 살 뿐이다. 우리 사회는 지난 수십 년 동안 연간 수십만 호의 주택을 공급하며 이미 사람보다 집이 더 많아졌지만(2008년 이후 '주택 보급률'은 100퍼센트를 넘어섰다[30]), 자신이 소유한 집에 거주하는 '자가 점유율'은 한 번도 60퍼센트를 넘지 못했다. 언제나 40퍼센트 이상의 세입자, 특히 서울에서는 약 60퍼센트의 세입자가 도시를 함께 구성하고 있다.[31] 이 고착된 비율은 한국 사회의 견고한 자산 불평등 구조를 단적으로 드러낸다.

특히 청년들은 80퍼센트 이상이 '세입자'로 살아가고 있다.[32] 그런데도 이상하게 '세입자'로 다루어지기보다 새롭게 주택을 구매할 소비자('실수요자')로만 계산된다. 2022년 당시

원희룡 국토부장관은 청년들의 주거 고민을 해결해 "꿈과 희망을 되찾아주겠다"는 정치적 발언을 앞세웠지만,[33] 핵심 정책은 그린벨트 해제와 재개발·재건축 규제 완화 조치였다. 재개발 담론은 '청년 창업 공간', '청년 혁신 센터' 같은 그럴듯해 보이는 이름들과 함께한다. 정작 청년의 현실은 세입자에 가깝지만 그 호명은 언제나 소유자를 위한 것이다.

재개발 지역에 살다가 쫓겨나는 이들의 이야기에는 '청년'의 얼굴이 없다. 서울 아현동에서 어머니와 월세로 살던 한 30대 청년은 집이 재개발 지역으로 지정되면서 강제 퇴거를 당했다. 그 청년은 어머니와 함께 살 수 있는 작은 공공 임대주택을 소원했지만 어머니가 돌아가실 때까지 그 소원은 이루어지지 않았다. 그는 끝내 죽음으로 탄원했다. 철거민 박준경 열사의 이야기다. 그의 죽음에 청년이라는 단어를 붙여 문제 제기하는 정치인이나 언론은 거의 없다. 그들이 써먹는 '청년'은 포장지에 불과하기 때문이다. 재개발·재건축 담론에서 청년은 세입자의 얼굴이 아니라, 수억 원짜리 신규 주택을 분양받을 수요자의 얼굴로만 존재한다. 개발의 피해와는 멀고 개발의 호재와는 가깝다. 2022년 윤석열 정부 시절 청년을 위한다며 '50년 만기 주택담보대출' 제도가 떠들썩하게 도입되었다. 그런데 금융위원회의 자료에 따르면, 시행 후 약 1년간 이 대출을 이용한 사람들을 살펴보니, 절반이 넘는

52퍼센트가 이미 주택을 보유하고 있었고 40대 이상이 70퍼센트를 차지했다.[34]

영끌 담론은 틀렸다

'영끌 담론'은 또 어떤가? 문재인 정부 후반기였던 2020년부터 보수 언론은 '영끌' '빚투'라는 신조어를 20·30 청년 세대 앞에 붙여쓰기 시작했다. 청년들이 집을 사기 위해 영혼까지 끌어모아 돈을 마련하고 빚을 내서 투자하고 있다며, 청년 세대의 불안감이 당시의 집값 상승을 견인하는 듯 앞다투어 보도했다. 2023년 12월 통계청에서 발표한 '한국의 사회동향 2023' 보고서를 보면 20대 이하 가구주의 부채 보유액은 2018년 2591만 원에서 2021년 5014만 원으로 두 배 가까이 치솟았다.[35] 이에 보수 언론들은 청년들이 팬데믹 기간 '영끌 투자 열풍'에 편승했다가 빚이 늘어난 것으로 해석했다.[36] 그러나 이는 잘못된 진단이었다.

최근 분석에 따르면, 2020~2022년 서울에서 3억 원이 넘는 집을 구매한 20·30세대 중 '영끌한' 사람들(연간 원리금 상환액이 연 소득의 40퍼센트 이상인 사람들)은 전체의 3.8퍼센트에 불과했다. '영끌' '빚투'가 아니라 사실은 원래 돈이 있거나 가족에게 거액을 지원받아 집을 산 사례가 훨씬 많았다.[37] 세대로 대물림되는 자산 불평등 문제는 사라진 채, 영끌 담론은 하늘 높은 줄 모르고 치솟은 집값을 빚내서 조달하는 적극적 주체로 청년을 호명하고, 나아가 거기에 정상성을 부여했다. '집값이 더 오르기 전에 빨리 사라'는 말이 청년을 위하는 조언인 양 건네졌다.

하지만 영끌로 주택을 구입한 청년은 극소수에 불과했다. 실제 청년 세대가 처한 현실은 보증금을 마련하기에도 급급한, 내가 있을 작은 공간 하나 마련하기 위해 빚을 떠안아야 하는 '세입자'의 삶이었다. 통계청과 한국은행이 발표한 '2022년 가계금융복지조사'에 따르면 만 29세 이하 가구주의 담보 대출 사유 중 부동산 구입은 2017년 61.2퍼센트에서 2022년 33퍼센트로 절반 가까이 감소했다. 반면 전월세 보증금 마련은 같은 기간 36.9퍼센트에서 64.5퍼센트로 두 배 가까이 증가했다.[38] '한국의 사회동향 2023'에서도 20대 이하의 금융 자산 중 전월세 보증금이 차지하는 비율이 2018년 56.4퍼센트에서 2022년 70.1퍼센트까지 급증한 것으로 나타났다. 청년들이 정말 '영끌'을 했다면 그건 집을 사기 위해서가 아니라 전월세 보증금을 마련하기 위한 생존 전략에 가까웠다.

주거비를 내기 위해 생활비를 아끼는 청년들도 늘고 있다. 소득 대비 임대료 비율(Rent to Income Ratio, RIR)은 주거 빈곤을 판단하는 핵심 지표다. 소득의 상당 부분을 임대료로 지출하면 저축을 비롯한 자산 형성이 어려울 뿐 아니라, 생활비나 자기 계발에 쓸 여력이 줄어 교육을 받거나 사회 활동을 하는 데 제약이 생기기 마련이다. '2023년 주거실태조사'를 보면 청년 세입자 가구의 소득 대비 임대료 비율은 17.4퍼센트로 일반 가구의 15.8퍼센트보다 높다.[39] 2022년 서울시 실태 조사는 1인 청년 가구의 소득 대비 임대료 비율이 30퍼센트를 넘는 것으로 나타났다.[40]

빚 권하는 사회

청년 주거 빈곤과 불안이 사회적 문제로 부상하자, 이를 해결하기 위해 2010년대 중반부터 급속히 확대된 것이 바로 대출 정책이다. 전세 보증금을 빌리거나 그에 따른 이자와 보증료를 지원받는 정책이 자리 잡으면서, 앞서 본 대로 청년들의 부채는 계속 증가하고 있다.

오늘날 청년들에게 부채는 분명 거부할 수 없는 현실이다. 그나마 청년이라서 미래를 담보로 빚을 질 수 있고, 빚을 질 수 있기에 어떤 자유도 누릴 수 있다. 온 세상이 젊음이라는 이 '신용'을 잘 써먹어야 한다고, 집다운 집에 살고 원하는 교육도 받아 시민의 자격을 누리라고 부추긴다. "청년기가 끝나면 그때는 늦는다"는 말이 그 뒤를 따른다. 《페미니즘으로 부채 읽기》에서는 다음과 같이 말한다. "우리는 이미 다른 자원이 없기 때문에 빚을 진다. 우리가 극심한 빈곤에 처해 불안정한 상태에 빠졌을 때 오직 부채만이 '우리를 구하고자' 다가온다."[41]

정말 숨만 쉬어도 돈이 나가는 세상이다. 중년의 엄마가 하는 이 말을 나는 마음에 달고 산 지 오래다. 이 세상에 존재하려고만 해도 매달 월세, 관리비, 공과금, 대출 이자, 식비를 비롯한 생활비가 필요하다. 대출 원금을 줄이면 생활이 나아질 것 같지만, 불안정한 노동과 일정치 않은 소득 탓에 뜻대로 되는 게 없다. 이런 우리에게 손 내미는 것은 또 다른 대출이다. 그래도 아직 청년이라서 '디딤돌'이라든지 '버팀목'이 되어주겠다는 것들이 있다(모두 대출 상품 이름이다). 금융 상품이 나서서 우리 삶의 버팀목이자 디딤돌이라고 자임한다는 게 참으로 자본주의 사회답다.

대출은 누구를 이롭게 할까? 대출 제도 덕분에 국가는 적은 예산으로 주거 정책을 운영할 수 있고, 은행은 이자 수익을 챙기며, 임대인은 대출 한도만큼 전셋값을 더 높일 수 있다. 실제로 보증금 대출이 활성화되면서 전월세 시장 전체의 보증금 규모가 올랐다. 목돈이 없는 세입자로서는 주거비를 줄일 수 있는 수단이 대출 외에는 없다 보니 이 체계에 순응하는 것이 당연시되고 오히려 권장되기까지 한다. 그러나 온 사회가 빚지기를 부추기는 사이, 오늘날 청년들은 갭투기와 전세 사기의 주요 타깃이 되어버렸다. 국가가 설계한 과도한 대출 정책과 전세 사기를 근원적으로 막을 수 없는 미흡한 제도가 맞물려, 청년 세대에게 큰 좌절과 고통이 떠넘겨졌다.

'청년'으로 산다는 건, 은행으로부터 미래를 담보로 신용을 보장받고 이런저런 부채를 짊어질 수 있게 된다는 뜻일까. 청년이 된다는 건, 본인 명의의 빚이 생긴다는 의미인 걸까. 아니면 마음 한편 이런 대출이 있어 안도하고, 내가 비빌 곳이 진짜 눈앞의 은행 대출이라는 사실에 무뎌지는 것인 걸까. 나는 부채 말고 다른 걸 믿으며 살고 싶다. 청년기를 지나 더는 부채가 나를 구원하러 오지 않아도 살아갈 수 있는 다른 선택지가 있길 바란다. 세입자의 삶은 불안정하니 내 집 마련만이 정답이라는 믿음, 빚을 내서 집을 사고 또 빚을 더 내서 강남 같은 소위 '상급지'로 갈아타야 한다는 믿음만이 우리가 의지할 유일한 버팀목은 아니어야 하지 않을까?

투자가 아닌 투기

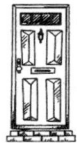

"LH 직원은 투자하지 말란 법 있나요."[42]

2021년 3월, 한국토지주택공사(LH) 직원들의 투기 의혹이 폭로되었다. 신도시 개발에 관한 내부 정보를 이용해 토지를 사들여 보상금을 노렸다는 의혹이었다. 전국적으로 공분이 일던 중 직장인들이 드나드는 한 익명 커뮤니티에 올라온 LH 직원들의 게시글이 화제가 되었다. 그들은 동료들의 행위를 정당한 투자인 듯 옹호했다.

LH 직원들의 수법은 치밀했다. 이들은 '토지 수용 제도'를 활용했다. 토지 수용 제도는 국가가 개발 사업을 추진하면서 공공 부지 외의 사유지를 이용해야 할 때, 해당 사유지를 사들이고(수용하고) 그 대가로 보상을 제공하는 것이다. '똑똑

한' LH 직원들은 농지 보상을 가장 많이 받을 수 있는 묘목을 골라 가장 효과적인 간격에 맞춰 심었다. 이후 개발 사업이 추진되면 국가로부터 아파트 분양권이나 금전적 보상을 받을 수 있는 방식이었다.

토지 수용은 어떤 이들에게는 호재가 아니라 쫓겨남이었다. 그들은 국가의 개발 계획 때문에 갑작스레 자신의 터전을 잃었다. 농민들은 터무니없이 낮은 보상금에 만족해야 했고 비닐하우스 거주자들은 보상을 전혀 받지 못한 채 쫓겨나기도 했다. 삶의 터전을 잃는 대가로 받을 수 있는 적절한 보상이 얼마인지를 두고 쫓겨난 이들이 수십 년간 싸움을 벌인 끝에 만들어진 제도였다. 그런데 그 제도의 허점을 노린 투기 세력들이 나타나면서, 한정된 땅을 함께 이롭게 이용하기 위해 세운 공동의 규칙이 오염되어버렸다.

여론이 분노로 들끓었지만 한편에서는 '저럴 줄 알았다'는 반응이 많았다. 그 말은 일리가 있었다. 우리 사회에서 부동산 투기의 역사는 그야말로 유구하기 때문이다. 박정희 정부 시절부터 지금까지 부동산 시장은 우리 경제 성장의 동력이었고, 정부는 부동산 불패 신화를 막기보다 적극 활용하거나 아니면 방치해 왔다.[43] LH 직원들의 투기 의혹은 도덕적 해이에 빠진 공직자들의 단순한 일탈이 아니라 국토를 개인의 사익 추구 수단으로 바라보는 우리 사회의 곪은 단면을 적나라

하게 보여주는 상징적인 사건이었다.[44]

언론은 이 사건을 사람들, 특히 청년들의 분노와 연결하며 '공정' 담론으로 포장했다. 마치 청년들이 '공정하게 투기할 기회'를 얻지 못해 억울해하는 것처럼 경쟁적으로 보도했고, 우리 사회의 '공정' 감각은 한층 더 뒤틀렸다. 비판의 초점은 투기 그 자체보다 공정한 투기를 방해한 LH 직원들을 향했다. LH는 조직 개편을 단행했고, 당시 정부와 여당은 선거 참패를 막기 위해 분주히 움직였다. 의혹받은 직원들은 소송에 임했다. 그로부터 4년이 흘렀고 대통령이 두 번이나 바뀌었다. LH는 이후에도 투기 의혹 논란에 휘말렸다. 2025년 대법원은 내부 정보를 활용해 사익을 추구한 혐의로 기소된 LH 직원들에게 무죄를 선고했다. 현재 우리 사회에는 무엇이 남았을까.

'갭투기'의 꿈

LH 직원들의 투기 의혹 이후 나는 오히려 우리 사회의 부동산 투기 신앙이 더 공고해졌다고 느낀다. 너도나도 '더 늦기 전에, 더 늙기 전에, 더 오르기 전에' 부동산에 뛰어들어야 한다고 재촉한다. 청년들로 하여금 '영끌'을 생존의 기본 전략으로 받아들이도록 설득한다. SNS와 유튜브에는 5백만 원으로 집 백 채를 사들였다는 식의 무용담들이 가득하다. 서점에 놓여 있는 부동산 관련 흔한 자기 계발 서적들은 자유롭고 존엄한 자신의 인생을 위해 어떻게 집과 돈을 굴려서 더 많은 차익을 벌어들였는지 선전하며, 따라 하지 않는 자들이 오히려 자기 인생을 돌보지 않는 한심한 사람이라는 듯한 인상을 풍긴다.

언젠가 도서관에서 그런 종류의 책을 한 권 빌려 와 한자리에서 오래 읽은 적이 있다. 한 청년이 어떻게 갭투기를 해서 10년 동안 수백 채의 주택을 소유하게 되었는지, 그 비책을 알려주는 책이었다. 그는 서울 강동구의 빌라 하나를 매매했다. 전세가 들어 있는 집이었다. 일명 '세안고 매매'였다. 매매가는 2억 원, 전세금은 1억 9천만 원이었다. 그는 단 1천만 원으로 집을 샀다. 2년 뒤 전세 재계약 시점이 되었을 때, 그는 보증금을 3천만 원 인상했다. 그렇게 마련한 돈으로 경기도 수원시의 빌라 하나, 충청북도 청주시의 아파트 하나를 추가로 매수했다. 이 역시 '무자본 갭투기'였다. 그렇게 2년 뒤 또 보증금을 인상해서 또 다른 주택을 매수하고, 그렇게 계속 보증금을 인상해 더 많은 갭투기 자금을 확보하고, 그 돈으로 더 많은 주택을 소유하는 방식이었다. 그의 글에는 확신에 찬 자신감이 묻어 있었다.

사실 대단한 비책은 아니다. 소위 '시드 머니(seed money,

종잣돈)'를 마련해서 그 돈으로 갭(매매가와 전세가의 차이)을 활용한 부동산 매수를 연속적으로 이어 가며, 집과 돈의 규모를 점점 불려 가는 방식이다. 이 방법은 너무 흔해서 자본주의 사회에서 습득해야 하는 재테크의 통과의례로 여겨진다.

이런 풍조를 두고 민달팽이유니온의 한 회원이 친구와 다툰 이야기를 들려주었다. 자신이 갭투기를 비판하자 친구가 "그건 투기가 아니라 투자이자 재테크다, 열심히 잘 살려고 노력하는 것인데, 왜 나쁘게만 보냐"고 비난했다는 것이다. 투기가 아니라 투자라는 말은 갭투기를 하는 사람들의 흔한 레퍼토리다.

그러나 나는 이 레퍼토리에 결코 동의할 수 없다. 이 부동산 투기는 사회에 이롭지 않다. 투기로 치솟은 땅값과 집값은 고스란히 사회 구성원 전체에 전가된다. 집이 필요할 뿐인 세입자들은 점점 더 많은 돈을 감당해야 한다. 곤경에 빠진 이들에게 우리 사회는 그저 빚을 내라고 권한다. 더 많은 빚을 져서 더 많은 투기를 떠받치는 사회에 미래가 있을까?

특히 갭투기의 성공은 사실상 세입자들의 보증금을 쥐어짜서 모은 돈으로 이루어진다. 그 성공으로 세입자가 얻는 이득이 있는가? 없다. 그런데 집값이 하락하고 깡통 전세가 늘어나 문제가 발생하면 그 피해는 '투자자'만 입는 것이 아니다. 세입자는 자신이 결코 동의한 적 없는 그 투기로 인해 피해와 고통을 고스란히 떠안는다. 임대인의 '투자 실패'는 그 자신의 파산으로 끝나지 않는다. 함께 파산 신청을 하고 절망 속에서 극단적 선택을 하는 피해자들의 이야기가 이를 증명한다. 세입자의 보증금으로 위험천만하게 자산을 불려 나가려는 사람들을 비판하는 이유다.

우리 사회는 전세가 무섭다면, 보증금을 지키고 싶다면 너도 집을 사라고 권한다. 왜 떼먹히지 않기 위해 떼먹는 위치에 올라서야 하는가? 왜 누군가의 삶을 착취할 수밖에 없는 이 시스템에 화를 내지 말라고 하는 것일까? 나는 우리가 서로 갭투기로 성공하는 꿈보다 안전한 집에서 더 오래 살 수 있는 꿈을 함께 꾸자고 말하고 싶다.

서울에서도 농촌에서도

 많은 청년 노동자가 일자리 기회와 삶의 경험을 찾아 도시로 향한다. 도시의 높은 집값과 집세로 인한 청년 세대의 고통을 말하면, 어떤 사람들은 청년들이 서울에, 수도권에 집착하기 때문이라고 반박한다. 그러나 이는 많은 일자리가 수도권에 집중되어 있는 현실을 모르는(혹은 모르고 싶어 하는) 주장이다. 수도권을 떠나라는 말은 더 다양한 일자리와 더 나은 삶의 기회를 포기하라는 말과 다르지 않다. 그런데 이를 차치하더라도 정말 서울을 떠나면, 수도권을 벗어나면, 도시의 삶을 포기한다면 청년 주거 문제는 해결될까? 내가 만난 귀농 청년들의 이야기를 들려주려고 한다.[45] 그들은 자신들이 농촌 마을에 정착하기로 결심했을 때, 살 집과 농사지을 땅을 '빌리는' 일이 생각보다 어려워 곤혹스러웠다고 했다.

보통 사람들이 떠올리는 귀농의 풍경은 대체로 비슷할 것이다. 서울 같은 도시에서 수십 년간 모은 돈으로 농촌 어딘가에 땅을 사서 집도 짓고 농사도 짓는 모습 말이다. 하지만 귀농 청년들은 이렇게 시작하지 않는다. 재산을 물려받지 못한 청년들은 땅도 집도 모두 빌려야 한다. 도시 청년이 주택 구입 자금이나 전월세 보증금을 마련하기 위해 빚을 져야 하는 것처럼 농촌 청년도 농촌에서 농사를 짓기 위해 빚을 져야 한다. "시골에 빈집이 많지 않냐"고 반문할 수도 있다. 그러나 마을에 방치되어 있는 빈집에 세 들어 살기 위해서는 도시로 떠난 임대인을 수소문해야 한다. 집이 비어 있어도 세입자를 들이지 않고, 헐어져 가도 신경 쓰지 않는 부재지주(不在地主)가 생각보다 많기 때문이다.

한 귀농 청년도 부재지주 문제 때문에 마을에 정착하는 데 오랜 시간이 걸렸다고 했다. 수소문해서 찾은 어느 임대인은 세를 들겠다고 하니 갑자기 월 5만 원 하던 월세를 25만 원으로 높이기도 했다. 그렇다고 여러 군데를 비교하며 살펴보는 일도 쉽지 않았다. 대개 시골에서는 공인중개사 역할을 하는 마을 이장을 통해서 집과 땅을 알아봐야 하기 때문이다. 이장이 청년에게 얼마나 호의적인가에 따라 집 계약을 비롯한 생활의 많은 문제가 좌우되었다. 어떤 이장은 "다음 재계약 때는 연장해주지 않겠다"고 엄포를 놓을 만큼 힘이 막강했다.

임대인과 주택임대차 계약서를 따로 쓰지 않는 게 관행(?)이라, 이런 경우 법 조항을 들먹이는 것은 더 부적절하게 여겨졌다. 상황이 이렇다 보니 그 청년은 임대인이 새벽 6시에 집으로 찾아와 마당에서 예초기를 돌리거나, 갑자기 전화해서 "1박 2일 동안 집을 비워 달라" 말하거나, 자신이 농사짓는 땅에 이런저런 개입을 해도 대응하기 어려웠다고 했다. 법보다 공동체의 질서가 강하게 작동하는 데다, 세입자에게 이 정도까지는 해도 된다는, 세입자라면 이 정도는 참아야 한다는 불문율이 도시가 아닌 농촌에서도 공기처럼 떠돌고 있는 것이다.

이런 현실 속에서 청년들 중에는 '소유'를 고민하는 이들도 있었다. 중장년층이 자기 돈으로 집과 땅을 마련해 귀농의 삶을 꾸리듯, 정착의 방식을 '빌리는 것'에서 '구매하는 것'으로 전환하려 했다. 물론 '대출' 없이는 불가능한 시도이지만, 청년들이 보기에 농촌의 부당한 주택임대차 질서에 대항하는 것보다 차라리 대출과 상환 계획을 짜는 것이 훨씬 수월했다. 우리 사회가 청년 세입자들에게 "수도권을 떠나라"고 말하는 것은 결국 수도권 바깥에서 집을 사라는 뜻인 걸까? 어쩐지 익숙한 순서다. 집과 땅에 대한 고민을 해결해줄 가장 간결하고 분명한 답이 '소유'로 귀결되는 흐름 말이다. 도시든 농촌이든 지역을 막론하고 소유자 중심의 질서가 세입자의 삶을 곤경에 빠뜨린다.

내 집이 재개발된다면?

소유는 정답이 될 수 있을까? 안정적인 거주를 꿈꾸며 어떤 땅 혹은 집을 개인이 돈을 들여 사유재산으로 삼는다 해도, 그보다 더 거대한 자본의 힘이 개입하면 결국 그 힘에 굴복해야 하는 것이 현실이다. 이미 전국에서 벌어지는 지역 개발 흐름이 이를 선명하게 보여준다.

내가 소유한 집이라고 해도 나의 동의 여부와 무관하게 철거될 수 있다. 재정착을 위해 필요한 돈의 규모도 나의 주머니 사정과 상관없이 결정될 수 있다. '도시및주거환경정비법'에 따르면 재개발 사업을 추진하기 위해서는 토지나 건물 소유자 중 75퍼센트(토지 면적의 50퍼센트)의 동의만 받으면 된다. 동의하지 않은 나머지 25퍼센트는 어쩔 수 없이 개발에 휩쓸려 간다. 재건축의 경우 최근 법 개정으로 기준이 더 낮아져 70퍼센트의 동의만 받아도 사업 추진이 가능해졌다.[46]

본래 재개발 제도는 노후화된 도시의 주거 환경 개선과 기능 회복이라는 공익적 목적에서 출발했다. 1970년대부터 논의된 '토지공개념', 즉 토지의 사회적 성격을 인정하여 개인의 재산권보다 공익을 우선시하는 원칙에서 출발한 제도의 산물이라 볼 수 있다. 토지공개념은 우리 헌법 조항에 간접적으로 표현된 국토의 공적 성격을 구체화한 개념이며,[47] 이를 통해 국가는 도로를 내고 공원과 하천을 조성하며 도시를 만들 수 있었다.

그러나 재개발의 주체가 공공에서 민간으로 넘어가면서, 공익은 사라지고 이윤만 남았다. 이윤을 좇는 자본이 몰려들자 원주민들은 너무 쉽게 쫓겨나기 시작했다. 이것은 도시 재개발 과정에서 많은 세입자와 임대인이 겪어 온 실체 있는 공포다. 지금 내가 살고 있는 30년 된 오래된 빌라보다 미래에 누군가 살게 될 20억 원짜리 새 아파트가 더 우선시된다. 실제로 재개발·재건축 사업에서 서울시 원주민의 재정착률은 30퍼센트가 안 된다.[48] 최근 서울시 산하 서울연구원의 조사에서도 원주민의 재정착률은 27.7퍼센트에 불과했다. 가장 큰 이유는 추가 분담금이었다. 쉽게 말해 새집이 너무 비싸서 돌아오지 못하는 것이다.[49] 결국 그 땅에 살던 이들은 소유 여부와 무관하게 밀려난다.

소유에서 더 많은 소유로

도시 인프라가 제대로 갖추어지지 않은 지역의 경우 또 다른 위협을 겪기도 한다. 한국 사회의 고질적인 대도시 중심의 불균형한 지역 개발이 지역 소멸론 등의 위기 담론과 뒤섞이면서 전국의 소도시들이 난개발의 열병을 앓고 있다. 수많은 지방자치단체가 '경제 활성화'와 '청년 유치'를 명분으로 삼아 브랜드 아파트를 불러들이고, 공공 부지를 민간 자본의 무대로 내주기 시작했다. 그마저도 여력이 없는 지역은 다른 유형의 개발에 몰두하게 되었는데, 개발을 대가로 생태계를 파괴하고 지역 주민의 건강과 생계를 위협하는 시설들을 주민들의 반대에도 유치하는 것이다.

누군가의 집 바로 옆에 송전탑이 꽂히고, 누군가의 논밭 옆에 다른 지역의 쓰레기를 처리하는 폐기물 처리장이 들어서는 식이다. 내 땅이 농지나 녹지로 남아 있는 것보다, '공익을 위해' 집단으로 개발되어야 한다고 여겨지면 더 적극적인 쫓겨남이 이어진다. 가령 아파트 단지가 들어설 수 있다면, 복합 쇼핑몰이 들어서 기업 유치용 상업 지역이 될 수 있다면, 그 땅의 용도를 변경하고 그 땅의 쓸모를 바꾸기 위해 언제든 강제적으로 개발될 수 있다. 그게 과연 공익적인 목적이라고 할 수 있는지 동의하지 않는 사람이 있더라도, 우리 사회는 그렇게 땅의 용도를 결정하고 집의 귀천을 정해 왔다.

더 우려스러운 일은, 지역이 개발되는 과정에서 공공의 땅이 민간에 팔리고 있다는 사실이다. 이로 인해 더 많은 사람이 거주할 수 있는 공간은 사라지고 특정 개인이나 기업의 사유지가 계속 늘어나게 된다. 문제는 땅의 용도가 공동체가 아닌 특정 집단의 이해관계에 따라 결정되더라도, 그 피해는 지역 주민과 사회 전체가 떠안는 일이 반복되고 있다는 점이다.

빌려 사는 것으로는 정주를 이룰 수 없어 구매하는 것으로 '안정'을 확보하려 했는데, 이것마저 불가능하다면 그다음 선택지는 무엇일까? 빌려 사는 이들이 겪는 비극에서 벗어나려면 '소유'만이 해답이라고 말하는 이 시스템에서는 결국 답은 하나뿐이다. 바로 더 많은 소유다. 비극의 당사자가 되지 않으려면, 차라리 그 비극적인 굴레를 작동시키는 자본가의 위치에 서는 수밖에 없는 듯하다. 그러나 생각해보자. 소유를 통해 안정을 얻으려는 이 굴레에는 끝이 없다. 이 위계의 꼭대기에 오르지 않는 한, 결국 또다시 굴복할 수밖에 없는 구조 속에 놓이게 된다.

우리에겐 다른 길이 필요하다

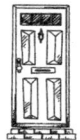

민달팽이유니온은 2022년 120명의 청년 세입자를 대상으로 주거 설문 조사를 진행했다. 집을 소유하고 싶은 이유를 묻는 질문에, 1순위로 꼽힌 답은 '정주할 권리'였다. 2순위는 '임대인이 없는 것'이었다. 세입자들이 느끼기에 우리 사회는 집을 소유하지 않으면, 함부로 쫓겨나지 않고 안전하게 거주할 수 있는 권리가 현저히 부족하다. 이 '점유의 법적 보장'은 집의 소유와는 별개의 문제인데도 말이다.

2018년 5월, 유엔 '적정 주거권' 특별보고관 레일라니 파르하(Leilani Farha)는 한국을 방문해 주거권이 침해되고 있는 여러 현장을 직접 둘러보고, 정부와 시민사회 관계자들과 여러 차례 간담회를 가진 뒤 이렇게 소회를 밝혔다. "한국 시민들은 '주거권을 주장할 수 있다'는 인식조차 없는 것 같다."[50]

지금 우리에게 필요한 것은 '주거권'이다. 이는 단순히 집이라는 물리적 공간의 보장을 넘어 '거주'를 중심으로 한 사회적·공동체적 관계를 형성하고 확장해 나갈 가능성 전체를 포괄한다. 오늘을 살아갈 수 있는 최소한의 공간, 내일을 준비할 최소한의 시간, 자신을 치유하고 존엄을 회복할 수 있는 최소한의 관계는 집으로부터 시작된다. 우리는 누구도 배제하거나 낙오시키지 않고 서로 돌보며 함께 존엄하고 평등할 수 있는 집을 이야기해야 한다.

'나중에' 주거 사다리 끝에 올라서면 나아질 것이라는 말은 문제를 끝없이 유예시켜 왔다. 사람은 모두 존엄하고 평등하다는 우리 사회의 기본 원칙이 진실이라면, 지금 당장 세입자들이 겪는 불안과 불평등에 대해 말하고 변화를 요구해야 한다.

소유하지 않아도 머물 수 있고 서로 돌볼 수 있는 권리는 우리 모두에게 필요하다. 소유만이 주거 안정을 꾀할 수 있는 '유일한' 길이라는 맹신이 지금의 주거 불평등을 낳았다는 사실을 인정하고, 체제의 관성을 전환하기 위한 변화를 모색해야 한다. 민달팽이 세대로서 지금의 청년은 소유 중심의 담론이 맞닥뜨린 문제 상황이 아니라 해결 방향이 되어야 한다. 새로운 주거에 대한 상상을 가능하게 하는 출발점이 되어야 한다.

내가 믿고 싶은 것

세입자여도 괜찮은 사회가 필요하다. 이것은 개발을 멈추자는 말이 아니다. 2023년 한 자료에 따르면 쪽방, 고시원 같은 비주택에 거주하는 가구는 42만이고, 옥탑방이나 지하방에 살거나 최저주거기준에 미달하는 집에 사는 가구까지 더하면 주거 빈곤 가구는 180만이다.[51] 어떤 이들의 거처는 분명 개선되어야 한다. 그러나 우리는 도시 곳곳에서 벌어지는 개발이 누구의 이익을 대변해 왔는지, 우리에게 필요한 도시의 모습이 무엇인지에 대해 함께 이야기해야 한다.

내가 어린 시절에 살던 동네는 재개발 사업 앞에서 영원히 사라져버렸다. 1억 원 이하의 빌라들이 있던 자리에는, 10억 원이 넘는 브랜드 아파트 단지가 들어섰다. 그곳에 살던 친구들은 이제 없다. 함께 놀던 거리, 등하굣길, 오래된 구멍가게가 있던 골목은 어렴풋한 기억 속에서만 꺼내볼 수 있다. 이 상실감은 단지 나만의 이야기가 아니다. 소유자 사회에서 온갖 존재들이 겪는 일이기도 하고, 앞으로도 계속 반복될 새드엔딩이기도 하다.

주거 환경을 정비한다는 이유로 벌어진 개발 이후, 그 땅 위에 본래 살고 있던 이들은 돌아오지 못했다. 이토록 반짝이고 비싸진 도시가 누군가의 삶터를 밀어낸 결과라면, 우리는 이를 어떻게 바로잡을 것인지 물어야 한다. 빼앗긴 것을 되돌리고, 쫓겨난 이들의 살 자리를 다시 만들어내며, 오랫동안 상품으로 전락한 주택들을 다시 사회화하는 과정이 필요하다.

공공이 주도해 쪽방 같은 열악한 주거지를 더 나은 공간으로 만들고, 그 땅과 집을 모두의 공간으로 확보한다면 어떨까? 이미 확보되어 있는 공공 부지를 더는 민간에 넘기지 않고, 다양한 형태의 가족이 함께 살아가며 서로를 돌볼 수 있는 집으로 만든다면 어떨까? 나는 세입자로 살아가는 민달팽이 세대가 그런 도시를 시민들과 함께 상상하고 실현할 수 있다고 믿는다.

각자도생하며 밟고 밟히는, 쫓아내고 쫓겨나는, 빼앗고 빼앗기는 관계 속에서 부를 증식하는 구조를 내면화하지 않으려면, 우리에겐 연대와 투쟁의 다양한 형태가 필요하다. 우리는 어떻게 서로의 삶을 가로질러 연대할 수 있을까. 소유자 사회를 수십 년 동안 부르짖어 온 사회라 해도 결국 우리는 집과 땅, 나아가 지구의 모든 것을 잠시 빌려 쓰는 존재들이다. 그렇다면 이렇게 선언할 수 있지 않을까. "우리는 모두 세입자다." 세입자로서 자신을 정체화하고 긍정하는 것은 쉽지 않다. 예비 집주인, 잠재적 임대인으로 스스로를 위치시키도록 유도해 온 질서들이 너무나 강력하기 때문이다. 그렇지만 아니 그렇기 때문에 지금이야말로 다른 길이 필요하다.

2021년 독일 베를린에서는 대형 부동산 기업이 소유한 약 24만 채의 주택을 사회화하자는 국민 투표가 실시되었고 과반의 찬성을 얻었다.[52] 비록 법적 구속력은 없었고 아직 논의의 초기 단계이지만 시민의 뜻을 모아 주거권을 선언했다는 사실에 나는 가슴이 뛰었다. 우리도 그렇게 할 수 있지 않을까. 함께 쌓아 가는 실천의 장면들이 결국 사회적 변화를 이끌어낼 수 있을 것이라, 나는 믿고 싶다.

5장

'불평등'에 눈감은 정책

빈곤과 가족

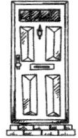

30대가 되니 나이 듦을 걱정하게 된다. 청년기가 곧 끝나고 청년에게 주어지는 정책적 혜택도 끝난다니 마음이 조급해진다. 젊은 지금도 이렇게 일자리가 불안한데, 나이 들어 나를 받아줄 자리가 있을지 두렵다. 젊은 지금도 이렇게 집 구하기 힘든데, 시간이 갈수록 치솟는 집값을 생각하면 노후의 거처까지 걱정된다. 2023년 기준으로 66세 이상 노인의 상대적 빈곤율이 40퍼센트에 달한다는 사실은 남의 이야기가 아니다.[53]

청년이 느끼는 주거 불안을 들여다보면, 그것이 단순한 '집 문제'가 아니라 삶을 지속하는 데 필요한 기반과 깊이 연결되어 있음을 알 수 있다. 청년 세대의 주거 문제는 아동·청소년기의 주거 빈곤과 맞닿아 있고, 노년의 주거 위기로 이어진다. 그렇기에 주거 문제는 특정 세대만을 위한 정책으로는 해결할 수 없다. 민달팽이유니온을 비롯한 주거권 단체가 청년의 주거 문제를 사회 안전망 차원에서 다루고, 청년을 포함한 우리 사회 전체의 주거 불평등과 빈곤 문제에 관심을 기울여 온 이유다.

청년 세대 내 주거 빈곤은 지속적으로 심화되고 있다. 20·30대 기초생활보장 수급자는 2024년 약 25만 명으로 2015년 16만 명보다 60퍼센트 가까이 증가했다.[54] 국토연구원이 2010년에서 2020년 사이 10년간의 장기적 변화를 분석한 결과, 청년 1인 가구 중 저소득 가구의 비율은 계속 증가해 2010년 61.4퍼센트에서 2020년 75퍼센트로 늘었다. 10년 사이 13퍼센트 이상 높아진 수치다. 고시원, 비닐하우스 같은 '주택 이외의 거처'에 거주하는 비율도 2010년 0.4퍼센트에서 2020년 4.9퍼센트로 크게 늘었다. 최저주거기준 미달 가구는 2010년 10.5퍼센트에서 2020년 9.6퍼센트로 다소 줄었지만, 여전히 다른 가구 형태보다 현저히 높은 수준이다.[55] 이러한 경향은 최근 자료에서도 확인된다. 국토교통부의 '2023년 주거실태조사'에 따르면 청년 가구의 최저주거기준 미달 비율은 6.1퍼센트로 2022년 8퍼센트 대비 감소했지만, 여전히 일반 가구의 3.6퍼센트의 두 배에 가깝다.[56]

'지옥고'(지하방, 옥탑방, 고시원)로 대표되는 열악한 주거 환경은, 젊을 때 한 번쯤 경험하는 '통과의례'가 아니다. 주거 빈곤은 개인의 노력만으로 극복할 수 없는 구조적 문제다. 하지만 현실에서는 여전히 개인이 능력껏 벗어나야 하는 과제 혹은 가족이 다 같이 힘을 모아 탈출해야 하는 임무로 여겨진다. 국가가 아닌 가족이 최후의 안전망인 셈이다.

가족 중심에서 벗어나기

한국은 압축적인 근대화 과정을 거치면서 안정적인 복지 체계를 갖추기보다 정상 가족 내 가계 자산에 기반한 자체적인 복지 체제에 의존하는 경향이 높았다.[57] 현재는 저성장과 급속한 고령화로 인해 가족 중심의 복지 체제는 한계에 직면했다. 그럼에도 한국의 주거 정책은 여전히 '정상 가족' 구도 안에 갇혀 있으며 사적 영역에 의존하고 있다.

한국 사회에서 '결혼(법률혼)'은, 두 사람의 가계 자산이 자체적인 복지 체제로 기능할 수 있다고 믿는 계급이 상대적으로 쉽게 선택할 수 있는 제도가 되고 있다. 게다가 결혼은 부모 세대의 자산이 자식 세대로 이전되는 결정적 순간이기도 하다. 부모의 자산을 결혼하는 자녀에게 물려주는 관행은, 일부 청년층에게 주택 구입 자금이나 부동산을 세습받을 수 있는 기회가 된다. 실증 연구들에서도 이러한 경향이 분명하게 나타난다. 청년 부부 가구의 자가 보유율은 다른 청년 가구보다 월등히 높다.[58] 2018년 한국노동패널조사 자료 분석 결과 혼인하지 않고 부모에게서 독립한 청년의 경우 무려 91.1퍼센트가 임차 가구에 속하지만 기혼자의 경우 47.4퍼센트에 불과했다.[59]

이러한 현실 속에서 다수의 정책 입안자와 연구자들은 청년층의 결혼과 출산을 장려하는 동시에 '내 집' 마련을 촉진하는 정책들을 설계해 왔다. 사실 이것은 1980년대부터 국가의 경제 성장과 인구 재생산 관점에서 가장 중요하다고 보는 '중산층'에게 자원을 집중적으로 배분하는 통치 전략이었다.[60] 현재에 이르러서는 약간의 지원으로 중산층에 진입하거나 그 지위를 유지할 가능성이 높은 사람들에게 금융 중심의 혜택을 쏟아부으면서 자가 보유율도 높이고 출산율도 끌어올리는 것을 목표로 삼는다. 실제로 신혼부부, 출산한 부부를 대상으로 삼는 주거 지원책은 이명박 정부에서 본격화된 후, 진보와 보수 정권을 막론하고 꾸준히 이어져 왔다. 대표적으로 문재인 정부가 발표한 '주거복지로드맵'은 '결혼-출산'을 생애주기의 핵심 축으로 두고 저소득층에서 중산층 진입을 위한 청년 주거 정책을 설계했다.[61]

그러나 이러한 정책 기조는 사회 변화에 따른 한계에 직면

할 수밖에 없다. 평균 초혼 연령이 꾸준히 상승하고 미혼·비혼 인구가 빠르게 증가하는 현 상황에서, 결혼 여부에만 의존하는 주거 정책은 효과가 반감될 수밖에 없다. 결혼하지 않은 청년의 주거 불안을 여전히 일시적 상태로 간주하고, 나아가 결혼 여부와 관계없이 주거 위기를 겪는 저소득·저자산 청년층의 문제 자체를 주요 정책 대상으로 삼지 못하게 만드는 부정적 효과를 낳는다. 다시 말해 사실상 더 많은 정부 지원이 필요한 취약 계층보다 '중산층'에 지원이 몰리는 역전 현상이 발생하는 것이다.

누구를 위한 지원인가?

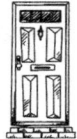

　보통 주거 복지의 가장 기본이 되는 정책으로 '공공 임대 주택'과 '주거 급여 제도'를 꼽는다. 우리나라는 '국민기초생활보장법'에 따라 생활이 어려운 국민을 대상으로 주거 급여 제도를 시행하고 있다. 이때 기준은 '기준 중위 소득'*인데, 현실과 맞지 않다는 비판이 꾸준히 제기된다. 통계청과 한국은행이 가계의 경제 상황을 파악하기 위해 실시하는 '가계금융복지조사'의 중위 소득과도 큰 격차를 보인다.[62]

　주거 급여 수준도 문제다. 지원액을 정하는 '기준 임대료'가 실제 전월세 시세를 제대로 반영하지 못하기 때문이다. 세입자들의 임대료는 빠르게 오르는데, 주거 급여는 제자리걸

---

* 총 가구를 소득순으로 나열하여 차례를 정할 때 한가운데를 차지하는 가구의 소득.

음이다. 결과적으로 주거 빈곤은 좀처럼 개선되지 않는다.

청년에게는 또 다른 장벽이 있다. 2020년까지 20대 미혼 청년은 가족과 떨어져 살며 스스로 생계를 꾸리더라도 주거 급여를 신청할 수 없었다. 민달팽이유니온을 비롯한 주거권 단체들이 제도 개선을 요구한 결과, 2021년부터 '청년 주거 급여 분리 지급'이 시행되었다.[63] 기존에 기초생활보장제도의 수급 가구에 속해 있던 청년도 독립 거주 시 급여를 지원받을 수 있게 된 것이다. 하지만 여전히 한계가 있다. 청년이 독립할 경우 원가구와 새로 구성된 청년 가구 모두 급여가 줄어드는 문제가 발생하는 것이다. 2021년 국가인권위원회는 원칙적으로 부모와 따로 사는 "20대 청년을 개별 가구로 인정하라"고 권고했지만, 현행법[64]은 여전히 30세 미만 미혼 자녀를 독립된 가구로 인정하지 않는다.[65]

이런 한계를 보완하기 위해 2020년 전후로 지방자치단체들은 '청년 월세 지원'을 시행하고 있다. 생애 한 번 월 최대 20만 원을 최대 12개월까지 지원하는 정책이다. 2022년부터는 정부 차원에서 '청년 월세 한시 특별 지원'을 도입했다. 생애 한 번 월 최대 20만 원을 최대 24개월간 지급하는 것이다. 두 정책 모두 주거 급여 제도의 사각지대를 인정하고 보완책으로 마련된 점에서 의미가 있지만 정책 효과는 제한적이다. '청년 월세 지원'은 지원 대상을 넓히는(기준 중위 소득 150퍼센트 이하) 대신 무작위 추첨 방식을 도입했다. 복지를 운에 맡기는 셈이다. '한시 특별 지원'은 또 다른 문제를 안고 있다. 부모의 소득을 함께 따져 지원 자격을 정하는 것이다. 가난을 직계혈족이 해소해줄 것이라는 가족주의적 전제가 제도 설계에 여전히 스며 있다. 이로 인해 또 다른 사각지대가 생길 수밖에 없다.

게다가 일부 임대인은 세입자의 주거 급여 인상분을 그대로 임대료에 반영하기도 한다. 쪽방촌에서는 "집주인이 주거 급여가 인상되는 만큼 월세를 올린다"는 말이 심심찮게 들린다.[66] 가난한 세입자들의 월세 부담을 줄여주려 만든 제도가 결과적으로 임대인의 안정적 수입을 보장해주는 역할을 하는 것이다. 월세는 계속 오르고, 세입자에게 필요한 주거비도 따라 오르고, 국가의 재정 부담도 커지지만, 그 지원금이 결국 임대인과 주택 시장에 흡수된다면? 이 제도는 누구를 위한 것인가? 결국 적절한 임대료 규제 없이는 월세 지원 제도가 제 역할을 하기 어려워 보인다.[67]

대출 말고 안전망

2020년 2월 청년기본법이 제정되었다. 19세 이상 34세 이하 청년을 대상으로 정부와 지방자치단체가 주거, 노동, 복지 등 종합적인 청년 정책을 마련하고, 청년이 직접 정책 과정에 참여할 수 있도록 보장하는 법이다. 청년 정책의 기본 이념과 방향을 정하고 이를 추진할 책임과 절차를 규정하고 있다. 청년기본법의 시작은 2010년대로 거슬러 올라간다. 당시 한국 사회는 IMF 이후 신자유주의 질서를 빠르게 내면화하며 각자도생의 논리가 일상으로 자리 잡던 시기였다. 그 과정에서 불평등과 빈곤이 사회적 문제로 부상했지만, 청년의 경우 이러한 고통은 일시적 고난이자 개인의 노력으로 극복할 과정으로 치부되기 일쑤였다. 이 구조적 억압에 맞서 청년 당사자들이 조직적으로 나섰고, 대표적인 단체가 2010년대 초반 등장한 청년유니온과 민달팽이유니온이다. 그들은 일자리와 주거, 복지의 문제를 단순한 세대 문제가 아니라 사회 구조의 문제로 제기하며 청년 운동의 새로운 지평을 열었다.

  청년 운동이 제도화되는 과정에서 본래 내세웠던 문제 제기는 희석되고, 그 요구는 때로 왜곡되거나 오염되었다. 언론이 '지옥고'에 사는 청년들의 열악한 주거 현실을 조명했지만, 그 목소리는 '주거권' 보장의 논의로 이어지지 못했고, 주택 공급의 명분으로만 활용되었다. 문제의 본질을 해결해 달라는 목소리는 오독된 채 대출 제도 중심의 '상품'이 청년 정책이라는 이름표를 달고 반복적으로 등장했다. 정부는 소득이 적은 청년들도 몇천, 몇억 원을 대출받을 수 있다고 홍보하지만, 정작 주거 빈곤 해소의 가장 최전선에 있는 몇십만 원의 주거 급여 제도는 여전히 미흡하다. 공공 임대 정책 역시 마찬가지다.

'제너레이션 렌트'라는 말처럼 현재 청년 세대가 겪는 주거 불안은 그들의 생애 전반으로 이어질 가능성이 높다. 청년 세입자들에게 필요한 것은 화려한 대출 상품이 아니라 보편적 주거권을 보장하는 정책이다. 청년들이 자신들의 진짜 안전망으로 삼을 수 있도록 주거 급여가 현실화되길 바란다.

행복할 수 없고, 안심할 수 없는

행복은 먼 이야기

2014년, 박근혜 정부는 대학생, 사회 초년생, 신혼부부 등 젊은 층을 위한 공공 임대 주택으로 '행복주택'을 내놓았다. 그러나 그 이름과 달리 행복주택은 너무 좁고 너무 비싸고 아주 잠시만 머무를 수 있는 집이었다. 도입 초기에는 대학 재학생이나 노동하는 청년으로 한정되었고, 예술인이나 대학원생은 제외되었다. 보통의 고시원보다는 넓지만 14제곱미터 남짓한 공간에 부엌, 화장실, 보일러실을 욱여넣은 구조가 일반적이었다. 보증금과 월세, 관리비가 시세의 80퍼센트 수준에 달해 공공 임대치고는 임대료 부담이 컸다.

이마저도 형평성을 이유로 최대 거주 기간을 6년으로 제한했다. 2024년에야 10년으로 늘어났는데, 퇴거일을 받아 둔 채 살아야 한다는 점은 변하지 않았다. 청년 주거 문제를 임시적인 것으로 여기는 사회의 시선이 그대로 반영된 결과다. 행복주택은 청년에게 목적지가 아닌 경유지이자 불안정한 임시 거처일 뿐이다. 목적지가 될 수 없는 집은 미래에 대한 불안을 더 깊게 만든다.

행복주택은 국가가 적은 돈으로 빠른 실적을 내기 위한 '가성비 좋은' 공공 임대의 전형이다. 거주 기간이 짧으니 한 공간에 드나드는 입주자는 많고, 면적이 작아 더 많은 호실을 만들 수 있다. 시세의 80퍼센트까지 임대료를 책정할 수 있으니 재정 부담도 다른 공공 임대보다 훨씬 적다. 익숙한 계산법 아닌가? 집을 사람이 사는 공간이 아니라 수익을 내는 물건으로만 취급하는 그런 셈법 말이다. 게다가 '청년'을 위한 정책으로 홍보할 수도 있으니, 얼마나 그럴듯한가?

공공 임대 주택을 공급할 때 가장 중요한 것은, 주거 환경을 개선하고 주거비 부담을 실질적으로 줄이며 안정적인 정주를 가능하게 하는 데 분명한 효과가 있어야 한다는 점이다. 공공의 자원을 들여 만든 집이 오히려 청년층이 감당하기 어려운 임대료를 요구한다면, 청년들은 차라리 대출 정책을 이용해 민간 임대 시장을 택하는 편이 더 나을 수 있다. 그런데 이는 장기적으로 민간 주택 가격을 끌어올리는 부정적인 결과를 낳고, 결국 공공 임대 주택의 근본적인 존재 이유에서 점점 멀어지게 된다.

행복주택의 왜곡된 구조는 청년 세대를 넘어 공공 임대 전체에 영향을 미쳤다. 공공 임대 주택 전체에서 행복주택이 차지하는 비중이 커지면서 청년과 신혼부부가 아닌 주거 취약 계층(고령자, 장애인 등)의 주거 상향이 점점 뒤로 밀려나는 부작용이 나타나고 있다. 이에 행복주택 내 일정 비율을 이들 취약 계층에 배정하고 있지만, 이번에는 높은 임대료가 이들의 입주를 막아선다.

2024년 4월, 서울역 인근 행복주택 고령자 모집 공고를 보면, 39제곱미터 주택의 보증금이 1억 5천만 원, 월세가 63만 원이다.[68] 서울역 주변의 공공 임대라면, 그곳은 주거 취약 계층인 쪽방촌 거주자나 홈리스가 기존 커뮤니티를 유지한 채(이는 매우 중요한 요소다) 더 나은 주거 환경으로 이동할 수 있는 선택지일 수 있다(그래야 마땅하다). 그러나 억대의 보증금을 마련할 수 없고 주거 급여로도 월세를 감당할 수 없는 이들에게 행복주택의 '행복'은 너무 먼 이야기다.

민간 주택인가, 공공 주택인가

2023년, 오세훈 서울시장은 '역세권청년주택'을 '청년안심주택'으로 바꾸고 사업을 크게 확대했다. 민간 주택 개발 과정에서 서울시가 각종 특혜를 제공하고, 그 대가로 일부 주택을 매입해 공공 임대로 확보하며, 나머지는 '공공 지원 민간 임대'로 운영하게 하는 방식이다. '공공 지원 민간 임대'는 이름은 복잡하지만 실상은 민간 소유 주택이다. 서울시는 최초 임대료 산정까지만 개입하고 그 이후의 운영에는 책임을 지지 않는다. 얼핏 생각해도 시가 손해 보는 구조처럼 보이지만, 시는 "서울에는 임대 주택을 지을 땅이 부족해 민간 사업자의 사업성을 보장할 수밖에 없다"고 주장한다.

놀랍게도 공공의 자원이 투입된 이 제도는 정작 주거 안정성을 보장하지 못한다. 2025년, 청년안심주택에서 전세 사기가 발생했다.[69] 서울시는 민간 주택이라는 이유로 책임을 회피하다가 뒤늦게 수습에 나섰다. 현재까지 서울에 공급된 청년안심주택 2만 4천 호 중 1만 8천 호가 바로 이런 공공 지원 민간 임대다.[70] 결국 위험은 청년 세입자들의 운에 맡겨졌다.

2024년 초 서울시는 청년안심주택을 닮은 '어르신안심주택'을 내놓았다.[71] 마찬가지로 용적률 상향, 건축 기준 완화, 세제 감면 등 공공 기관이 나서서 민간 사업자의 이윤 창출을 돕는 구조였다. 서울시가 규제 완화와 재건축 활성화로 집값을 부추긴다는 비판에 최근 서울시장은 "주택 시장의 원리를 모른다"며 "시장을 이기려 들지 말고 민간과 시장을 활용해야 한다"고 항변했다.[72] 이익은 민간에 주고 문제가 생기면 책임을 회피하는 것이 시장 원리인가?

행복주택과 청년안심주택은 한계가 분명하지만 이들 주택을 찾는 청년들은 계속 늘고 있다. 실제 입주를 고민하거나 이미 입주해서 살고 있는 청년들과 이야기를 나누며 느낀 점은, 주거비 부담이나 주택 하자 같은 문제들은 민간 주택과 다르지 않지만, 그래도 이 가격에 이만한 집을 찾기가 쉽지 않다는 것이다. 그래서 나 역시 주거 교육을 할 때 행복주택을 비롯한 청년 주택 정보를 소개하곤 한다.

하지만 청년 주택은 공급 물량이 부족한 탓에, 특히 수도권의 경우 엄청난 경쟁 추첨을 뚫어야 들어갈 수 있는 로또 주택이 되었다. 2025년 2차 서울 행복주택 1,829호(신혼부부, 고령자 등을 위한 유형 포함)의 평균 경쟁률은 약 43.6 대 1에 달했다. 강남권의 경우 민간 주택 시장과 마찬가지로 경쟁률이 더 치열한데, 송파구 헬리오시티 전용 면적 39제곱미터 청년 유형은 120가구 모집에 경쟁률이 155.3 대 1을 기록했다.[73] 2025년 2차 청년안심주택 447호(신혼부부를 위한 유형 포함)의 경쟁률은 93.7 대 1이었다.[74]

박근혜 정부 이래로 역대 정부는 청년 주택의 공급량과 경쟁률을 성과로 내세워 왔다. 그러나 청년층의 임차 가구 비중이 계속 증가하고 주거 빈곤이 고착화되는 현실에서 이런 수치는 오히려 주거 정책의 구조적 실패를 보여주는 지표에 가깝다.

행복주택과 청년안심주택은 주거 정책이 지켜야 할 공공성의 원칙을 근본적으로 훼손하고 있다. '청년'을 위한다는 정책이 주거 현실을 왜곡하고, 논의의 방향을 혼란스럽게 만든다. 예를 들어 당장 눈앞에서 집값이 급등하자 우리는 이런 혜택을 두고 누가 더 힘들고 열악한지 경쟁하는 모순에 빠진다. "미래 세대인 청년과 신혼부부를 우선해야 한다", "평생 고생한 고령층을 우대해야 한다", "저소득층을 배려해야 한다", "어디에도 속하지 못한 중간층은 역차별당하고 있다". 결국 '을'들 사이의 싸움만 남는다. 첫 단추를 잘못 끼운 탓에 모든 것이 뒤엉켜버린 것이다. 작은 혜택을 두고 다투기보다는 우리의 마땅한 권리를 요구해야 한다. 나도 행복주택에 들어가게 해 달라고 경쟁하기보다 공공 임대의 전면적 확대를 바라고 싶다.

청년 주거 정책, 더 나아가 청년의 주거권은 청년만을 위한 '혜택'으로 머물러서는 안 된다. 그것은 단지 기존 질서에 청년을 편입시키는 결과로 이어질 뿐이다. 우리는 이제 청년을 포함하는, 그래서 청년의 얼굴도, 세입자의 얼굴도, 주거 빈곤층의 얼굴도 있는 보편적 주거권의 관점에서 이야기해야 한다. 모두의 주거권을 함께 요구하자.

영원히 사유화되는 땅에서

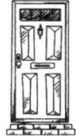

  서울을 비롯한 대도시의 심각한 주거 불평등 문제는 저렴하고 안전하며 안정적인 주거지를 만들고 시민들의 공공 공간을 조성할 토지가 절대적으로 부족하다는 데 있다. 그런데도 이미 부족한 공공 토지, 특히 서울 도심의 핵심 부지들을 민간과 기업에 고스란히 넘기는 매각이 계속 추진되고 있다.
  서울 한복판, 용산역 바로 뒤에는 50만 제곱미터에 달하는, 축구장 70개가 들어가는 크기의 광활한 공공 부지가 방치되어 있다. 이곳은 '용산 정비창'이라 불리는 땅이다. 오랫동안 기관차 등을 제작하고 수리하고 정비하는 공간이었는데, 2000년대 들어 '단군 이래 최대 개발'이라는 수식어와 함께 용산 일대 개발 붐의 중심지가 되었다가 '용산 참사'라는 비극으로 이어진 곳이기도 하다.

2024년 2월 서울시는 이 땅에 글로벌 기업을 유치할 수 있는 업무 지구(상업 지구)를 조성하고, 인근 아파트들의 재건축을 촉진하겠다는 계획을 밝혔다. 토지를 정화하는 데는 공공의 자금을 투입하지만, 정화가 끝나면 공공 부지를 잘게 쪼개 민간 기업에 매각하고, 새로 개발된 상업 지역에 어울리는 더 비싼 아파트 단지를 세우겠다는 구상이었다. 오세훈 서울시장은 이 '용산 정비창' 부지를 민간에 매각하는 데 혈안이 되어 있다. 공공 임대 주택 공급을 요청할 때마다 서울에 지을 땅이 없다며 난색을 보이고, 또 민간 사업자들에게 특혜를 주지 않으면 그 적은 공공 주택 몇 채도 지을 수 없다고 엄살을 부리더니, 정작 이렇게 거대한 빈 부지는 시장에 팔아 넘기려고만 한다.

한번 민간에 넘어간 땅을 되찾기는 쉽지 않다. 그런데도 서울시는 땅을 잘게 쪼개 팔면서 그 땅의 용도와 가격에 대한 결정권까지 영구히 넘기려 한다. 광활한 공공 부지에서는 다양한 사회적 안전망과 대안적인 도시를 실현할 상상력을 충분히 발휘할 수 있는데, '국제 업무 지구'라는 그럴듯한 포장 속에 그 가능성이 가려지고 있다. 이미 많은 도시가 그렇게 사유화되어 왔고 지금 이 순간에도 멈추지 않고 있다.

'보람채' 이야기

서울 가산디지털단지 인근에는 10년째 공실로 방치되어 있는 아파트 단지 '보람채'가 있다. 6만 2301제곱미터 규모의 큰 땅 위에 지어진 9개 동의 임대 주택이다. 구로 공단 여공 기숙사로 쓰였던 이 아파트에는 1986년부터 9백여 명의 여성 노동자들이 머물렀다. 42.9제곱미터(13평) 또는 49.5제곱미터(15평) 규모의 집에서 두 명이 거주하며 1인 1실을 사용했다. 2014년 기준으로 보증금은 160~180만 원대였고, 월세는 6~7만 원이었다.

보람채는 1980년대 주거 빈곤층 여공들을 위해 마련된 주택이었기에, 공단이 쇠퇴한 이후에도 서울에서 직장을 다니는 만 26세 이하의 미혼 여성 중 저임금 노동자들이 주요 입주 대상이었다(2013년 기준 월 소득 150만 원 이하). 공무원, 4년제 대학 재학자·졸업자 등은 입주 대상에서 제외되었다. 이 외에도 몇 가지 제약이 더 있었지만, 보람채는 많은 저임금 여성 노동자들이 괜찮은 집을 마련할 수 있는 드문 선택지였다. 주거비 부담이 적고 시설이 나쁘지 않은 데다 안전성까지 갖춘 이만한 조건의 집에 머물면서 서울에 있는 직장을 다닐 수 있는 방법은 보람채밖에 없었을 것이다.

1960년대 정부 주도로 조성된 구로 공단은 섬유, 봉제 등

경공업 중심의 수출 기업들이 입주해 국가 경제 성장의 한 축을 담당했다. 1970년대에는 우리나라 전체 수출액의 10퍼센트를 차지할 만큼 그 규모가 컸다. 자연스럽게 공단의 일자리를 찾아 상경하는 노동자들이 급증했다. 그런데 일자리는 있어도 살 곳은 부족했다. 노동자들의 주거 문제가 날로 악화되었고, 저임금 노동자들이 몰려든 쪽방촌이 구로동 일대에 점점 커져 갔다.

서울로 올라온 여성들은 더 열악한 환경에 놓였다. 낮은 임금과 불안정한 고용에 시달리며 벌집 같은 숙소에 살아야 했다. 여성 저임금 노동자들의 주거 빈곤 문제가 갈수록 심각해지자, 서울시는 잔여적(선별적) 복지 정책의 일환으로 '근로자 아파트' 건설에 나섰다. 구로 공단 인근에 위성 도시를 만들겠다는 계획과 함께, 최대 4년까지 거주할 수 있는 '미혼 여성 근로자 임대 아파트' 보람채가 추진되었다. 보람채는 서울시가 광명시 땅을 매입해 지었으며, 행정 구역상 서울시로 편입되지 않고 광명시로 남게 되었는데, 중요한 점은 이 아파트가 '공공 부지'에 지어진 '공공 임대 주택'이었다는 것이다.

사라진 '보람채'를 기억하며

월 6만 원으로도 거주할 수 있던 보람채는 이제 사라졌다.

그 시작은 2004년이었다. 당시 이명박 서울시장이 보람채 아파트 매각을 추진했다. 2011년에는 실제 매각이 승인되기도 했는데, 이에 민주노동당은 '공공 임대 아파트는 50년간 매각이 불가하다'는 '임대주택법'(현 '민간임대주택에관한특별법') 시행령을 들어 강하게 반발했고, 국회 국정 감사에서도 매각에 대한 비판이 이어지면서 2012년 매각이 철회되었다.

하지만 이듬해인 2013년 서울시는 보람채 폐쇄를 최종 결정했다. 이유는 '본래 취지의 상실'이었다. 2000년대 이후 구로 공단이 수도권 외곽으로 분산되면서 입주자의 직업군이 점차 서비스업, 사무직 등으로 바뀌었고, 애초의 취지가 퇴색했다는 설명이었다. 서울시는 여기에 더해 보람채가 '여성' 전용 주택이라는 점이 성별 특혜 시비를 불러일으킬 수 있다며 우려했다. 입주자들은 그렇게 하루아침에 거주지를 잃었다.

"지방에서 올라와 이곳에서 만족하며 살고 있는데 갑자기 재계약이 어렵다고 해 황당했다."

"나가라니 나가겠지만 앞으로 어떻게 해야 할지 막막한 심정이다."

"재계약이 안 된다고 통보할 때 서울시는 '철거 결정은 안 났다'고 했다. 서울시 말을 다 믿은 것은 아니지만 왜 입주자들에게 사실을 밝히지 않았는지 의문이다."

"이곳에 살고 있는 우리에게 선택권이 없다는 게 착잡하다."

"초반에 뜻을 함께했던 팀장님들과 간사님들이 떠나면서부터 자치회가 많이 위축돼 반대 활동이 불가능하다."

"이제 더 이상 우리 편도 없고 체념한 상태다."[75]

당시 보람채 아파트 관계자는 언론 인터뷰에서 "처음에는 서울시 철거 움직임에 반대하면서 현수막도 내걸고 하던 여성들이 이제는 다들 체념한 듯 조용하다"고 말했다.[76] 실제로 2011년 처음 매각이 시도된 이후부터 2013년 최종 폐쇄 결정이 날 때까지 입주자들은 매각에 반대하면서도 하나둘씩 다른 곳으로 이주해 나갔다. 살 곳을 잃을 수도 있다는 불안 속에서 자발적으로 떠난 이들도 있겠지만, 애초에 임대 조건 자체가 최대 4년까지만 머물 수 있도록 설계된 집이었다. 이처럼 짧은 주기로 입주와 퇴거가 반복되는 공간에서는 공동체

연대가 지속되기 어렵다. 그리고 특히 '나가라고 하면 나가야 한다'는 사회적 분위기가 결정적 역할을 했을 것이다. 이들에 대한 연대와 지지는 지속적인 관심과 실질적인 변화로 이어지지 못했다.

서울시는 보람채 폐쇄를 추진하면서 입주자들에게 정확한 결정 사유를 알려주지 않았다. 재계약을 거부하고 신규 입주를 취소하는 방식으로 입주자들과의 소통을 사실상 거부했고 이들의 목소리를 무시했다. 당시 상황을 취재한 기자는 한 개발 업체 대표로부터 "부지 가치가 오르니까 수익성 측면에서 서울시가 민간에 매각을 추진한 것으로 안다"는 말을 들었고, 현장에서 만난 주민에게는 "이 부지가 대기업에 팔린다는 소문이 돌아 인근 빌라를 매입한 지인도 있다"는 말을 들었다.[77] 그렇게 2017년에 보람채는 입주했던 노동자들을 모두 내보내고 최종 폐쇄되었다.

돈이 되는 이야기

보람채는 2026년 철거를 앞두고 있다. 우리는 과거 도시 노동자들이 살던 공공 주택의 역사와 장소를 모두 조용히 잃어 가는 중이다. 서울시는 왜 잘 운영되고 있던 임대 주택을 없애고 그 땅을 매각하려 했을까. 구로 공단이 조성되며 수많은 노동자들이 모여들자, 이들을 위한 필수 사회 서비스가 마련되었고, 공공의 자원으로 도시 인프라가 구축되었다. 보람채는 본래 허허벌판 위에 지어졌지만, 시간이 흐르며 주변 환경이 크게 달라졌다. 2006년에는 근처에 지하철 철산역이 개통되었고, 이후 보람채 일대는 '역세권'으로 편입되어 부동산 가치가 크게 뛰었다.

실제로 보람채 인근의 한 아파트 단지 ○○○○트레지움에서는 84제곱미터 면적의 매물이 2022년 3월에 12억 원에 거래되었다. 또 다른 단지 ○○○○○센트레빌에서는 같은 면적의 매물이 10~11억 원대에 거래되었다. 덩달아 보람채의 가치도 상승했다. 철산역이 개통된 2006년부터 10년 사이, 개별 공시지가*가 제곱미터당 179만 원에서 262만 원으로 약 50퍼센트 상승했다. 2023년에는 최고가 450만 원을 기록했는데, 이를 기준으로 단순 계산하면 보람채 전체 부지는 약 2700억 원에 이른다. 일부 언론에서는 5천억 원 이상으로 평가하면서, 보람채 매각이 개발 호재로 이어질 것이라는 낙관적인 전망을 제시하기도 했다.

열악한 주거 환경에 내몰렸던 저임금 노동자들이 잠시나마 안전하게 머물 수 있던 집, 보람채가 사라진 자리에는 오직

---

* 정부가 매년 1월 1일을 기준으로 개별 토지의 제곱미터당 가격을 산정해 공개하는 공식 땅값이다.

집과 땅을 투자 상품으로만 보는 기대와 전망만 남았다. 그곳에 살았던 사람들의 이야기는 지워졌다. 보람채의 의미는 그 땅값이 얼마인지, 장차 얼마짜리 금싸라기 땅이 될 것인지 같은 부동산 가치로만 환산된다. 그곳에 어떤 삶의 자리들이 마련되어야 하는지는 논의되지 않는다. 삶의 지속 가능성과 인간다운 거주 조건은 돈이 되지 않기 때문이다.

해당 부지는 애초 서울시 소유였으나, 2021년 7월 기획재정부로 소유권이 이전되었다. 2022년부터 광명시, 기획재정부, 한국자산관리공사(캠코)가 업무 협약을 맺고 개발을 추진해 왔으며, 2024년 8월에 '청년' 창업·주거 공간, 기업 입주 공간을 비롯해 공원, 주차장 등의 편의 시설을 갖춘 복합 공간으로 개발하는 사업 계획이 최종 승인되었다. 광명시장은 보도자료를 통해 "청년들이 꿈을 펼칠 수 있는 혁신적인 공간과 시민들의 삶의 질을 높일 수 있는 생활 인프라를 갖춘 복합 공간으로 개발될 수 있도록 지원을 아끼지 않겠다"고 밝혔다.[78]

여기서도 '청년'이 개발과 함께 호명된다. 수도권처럼 일자리가 밀집한 지역일수록 청년을 비롯한 노동자들의 주거 문제가 점점 심각해지고 있다. 그러나 공공 기관이 나서서 본래 노동자 주택으로 사용되던 공공의 땅을 팔고, 일부 기업을 위한 사적 공간으로 개발하며 '청년'을 내세운다. '청년'을 위한 공간이라 말하지만, 정작 그 청년의 주거 불안과 삶의 기반은 고려되지 않는 아이러니가 반복되고 있다.

함께 늙어 갈 자리

청년인 나는 오래된 동네 친구들이 있는 사람들이 부럽다. 저녁 한 끼 가볍게 같이 먹기, 드라이버 빌려 쓰기, 보드게임 한 판 하기, 장 본 재료 나누어 갖기, 공원이나 하천 주변 산책하기, 새로 연 음식점 후기 공유하기 등 내가 지속하고 싶은 일상은 이렇게 사소한데, 재개발을 앞둔 동네에서는, 거주할 수 있는 기간이 '정해져' 있는 집에서는 헛되고 터무니없는 욕망이 된다.

'함께 늙어 갈 수 있을까' 하는 상상 자체가 비어버린 지 오래다. 특히 '정상 가족'에서 벗어난 개인과 집단이라면 쉽게 지닐 수 있는 꿈이 되지 못한다. 상상하는 것조차 자격이 필요한 걸까. 나는 내가 원하는 곳에 정착하고 싶다. 지금 당장 이 동네에 정착하고 다시는 떠나지 않고 싶다는 확언이 아니라, 어쩌면 이 집과 이 동네에 오래오래 살 수도 있겠다는 상상을 마음껏 펼치면서 이사를 오고 짐을 풀고 이웃과 인사를 나누고 싶다. 그게 청년으로서 내가 원하는 공간이다. 그런 상상 속에서 집에 대한 애정, 동네에 대한 관심, 지역과 공동체에 대한 참여가 이루어진다고 생각한다.

전북 전주에 터전을 잡고 있는 비혼여성공동체 '비비'는 2003년 전주여성의전화 소모임에서 시작되었다. 2006년 같은 아파트 단지로 각각 이주해 모여 살게 되면서 '공간비비'를 열었고, 현재는 '비비사회적협동조합'을 설립해 여성 중장년 1인 가구 공동체 주택을 추진하고 있다. 이들이 사는 곳은 공공 임대 아파트인데, 거주 기간이 50년이고 보증금도 저렴하다. 주거지를 기반으로 일상을 나누며 서로의 삶을 더 깊이 들여다본 덕분이었을까? 그들은 돌보는 몸, 병드는 몸, 죽는 몸 모두를 포괄하는 중년 이후의 삶을 함께 고민하고 있다.

나는 비비를 통해 연결되는 삶의 가능성을 그려본다. 네가 소유하고 내가 소유하는 땅 말고, 우리 모두의 땅에서 함께 정착하고 연결되는 삶 말이다. 서울 서초의 어느 아파트 광고처럼 "언제나 평등하지 않은 세상을 꿈꾸는 당신"이 아니라면,[79] 결국 우리가 함께 늙어 갈 동네 친구를 구하는 방법은 평등한 세상을 꿈꾸는 길일 것이다. 우리는 쫓겨나지 않을 땅, 함께 나이 들어갈 땅이 필요하다. 더 빼앗기지 않고, 끝내 우리의 것으로 사수해낼 땅이 필요하다. 그곳에 우리가 정착하고 뿌리내린다면 어떤 모습일지 함께 그려 나가고 싶다.

모두를 위한 공공 임대

이만한 집 없다!

 공공이 소유하고 관리하는 주택 중에 불법건축물이 있을까? 없다. 공공 임대 주택에 살다가 나중에 이사 나가려 할 때 공공이 보증금을 떼먹을 일이 있을까? 없다. 주거 조건이 비슷할 때 주거 비용이 더 저렴한 주택은 뭘까? 공공 임대 주택이다. 아무리 생각해도 세입자에게 이만한 집이 없는 것 같다.
 공공 임대 주택과 반대되는 개념이 민간 임대 주택이다. 부동산 중개소에서 구하는 집들은 전부 민간 임대 주택이라고 생각하면 된다. 법에서는 더 좁은 의미로 임대 사업자가 구청에 등록 신청을 한 주택을 가리킨다. 다만 이 과정은 필수가 아니다. 사실 우리 사회에서 주거용 임대 사업을 하기 위해서 반드시 거쳐야 하는 의무 절차라는 게 없다. 민간 임대 사업은 허가제도 아니고 의무 신고제도 아니다. 의무가 아니기에 사업자등록을 하지 않은 사람들의 집도 거래 대상이 된다. 무슨 말이냐 하면, 그만큼 불량하고 위험한 집이 공급될 수 있는 구조라는 것이다.

설사 민간 임대 사업자로 등록되어 있더라도, 불법 행위를 저지른 뒤 사업자등록이 말소되지 않거나 법적·행정적 제재를 받지 않는 일도 발생한다. 2022년 일명 '빌라왕' '빌라신'으로 불리며 수백, 수천 채의 주택을 소유하다 파산한 전세 사기꾼들은 대부분 각종 혜택을 받기 위해 임대 주택 사업자로 등록한 사람들이었다. 그들은 문제가 터지기 전까지 이미 보증금 미반환 사고를 수백 건 저질렀지만, 그것이 등록 말소나 법적 절차로 이어지지 않았고, 결국 파산함으로써 수많은 세입자들이 피해를 보았다.

2020년 말 이후 임대주택법에서는 임대 사업자가 전세금을 돌려주지 않는 등 피해가 발생하면 사업자 자격을 박탈할 수 있도록 하고 있지만, 국토교통부에 확인한 결과 2022년 11월 기준 전세금을 돌려주지 않아 자격이 박탈된 임대 사업자는 단 세 명뿐이었다.[80] 2024년 주택도시보증공사(HUG)에서 제출한 자료를 보면 2021년부터 2024년 상반기까지 보증금 미반환으로 임대 사업자 자격이 말소된 사례는 일곱 명에 불과하며(겨우 네 명 늘었다), 악성 임대인 명단에 오른 127명 중 67명(53퍼센트)이 여전히 등록 임대 사업자 자격을 유지한 채 세제 감면 혜택 등을 누리고 있었다.[81] 누구나 걱정 없이 살 수 있는 집이 더 많아질 수는 없을까? 보증금을 돌려받지 못할까 걱정할 필요 없고, 주거비가 덜 부담스럽고, 머무르고 싶은 만큼 편히 지낼 수 있는 집을 만들 수는 없을까? 이런 집이 우리의 '보통의 집'이 될 수는 없을까?

영구 임대 주택에 사는 꿈

2019년부터 민달팽이유니온은 빈곤 문제 해결을 위해 기초생활보장법 운동을 하는 '기초법바로세우기공동행동'과 연대하고 있다. 기초법바로세우기공동행동은 매년 활동가와 변호사들이 함께 현장을 찾아 일명 '거리 상담'을 진행한다. 기초생활보장제도 신청 방법이나 공공 임대 주택 입주 자격, 장애등급 심사 과정 등 정부 지원 정책을 알리고 관련 궁금증을 해소할 수 있도록 돕기 위해서다.

2022년 여름 나는 활동가로서 강서구에 있는 한 영구 임대 주택 ○○11단지를 찾아갔다. 1994년 4월에 지어진 곳이었다. 상담 장소로 가기 위해 단지 안을 걷는 동안, 나는 이 동네가 부러웠다. 단지 안이 넓고, 울창한 나무들이 조성되어 있으며, 종합사회복지관이 있고, 지하철역과도 가까웠다. 주거 비용도 저렴했는데, 2022년 기준으로 24A1형(공급 면적 11.3평, 전용 면적 7.4평)은 보증금 467만 원에 월세 6만 원대(62,220원)이고, 39A형(공급 면적 17.1평, 전용 면적 12평)은 보증금 757만 원에 월세 10만 원대(100,900원)였다.

영구 임대 바로 옆에는 1994년 5월에 지어진 ○○○○하이츠 아파트 단지가 있었다. 가장 비슷한 15평대(공급 면적 15평, 전용 면적 12평)를 비교해보면, 2022년 전세는 2억 원이고 월세는 보증금 9천만 원에 37만 원, 보증금 5천만 원에 80만 원 사이였다. 2024년 기준으로 보면 매매가는 4억 8백만 원, 전세가는 2억 5천만 원, 월세는 보증금 3천만 원에 90만 원, 보증금 2천만 원에 70만 원 등으로 가격대가 형성되어 있었다. 월세는 여건에 따라 차이가 있었으나 전세가는 전반적으로 올랐다. 민간 임대 주택의 가격이 계속 치솟는 중에도, 영구 임대 주택 같은 공공 임대는 낮은 임대료를 계속 유지하고 있기에, 이 격차는 점점 커지고 있다.

공공 임대 주택은 주거권의 기본 토대다. 이 토대가 부실하면 사회 구성원들의 주거 안전망이 뒤흔들리며, 주거 문제는 더욱 심각해질 수밖에 없다. 주거권 활동가들이 오랫동안 공공 임대의 중요성을 강조해 온 이유다.

공공 임대 중에서도 가장 기본에 충실한 유형은 '영구 임대'라 할 수 있다. 그 이유는 간단하다. 영구 임대 주택에서는 오랫동안 살 수 있고 비용이 저렴하기 때문이다. 얼마나 오래 살 수 있을까? 50년이다. 얼마나 저렴할까? 월세가 6만 원에서 10만 원 사이이다. 솔깃하지 않나? 그런 집에서 나와 가족과 친구들이 함께 살 수 있다면, 우리가 꿈꿀 수 있는 삶의 이야기가 훨씬 더 풍부해질 것이다.

그러나 영구 임대 주택은 공공 임대 주택 유형 중에서도 가장 입주 기준이 엄격하고, 그래서 아무나 쉽게 들어갈 수 없는 곳으로 알려져 있다. 사실이 그렇다. 수급자이거나 소득이 매우 낮은 국가유공자, 장애인 등이 신청할 수 있지만 그 안에서도 경쟁이 치열하다. 세입자 입장에서는 더 저렴하고 더 오랫동안 살 수 있는 집이 좋고, 그런 집이 더 많아지는 것이 유리하지만 현실은 그렇지 못하다. 우리나라의 전국 주택 보급률은 2023년 기준 102.5퍼센트이며,[82] 이미 사람보다 집이 더 많다. 그러나 전체 주택 중에서 공공 임대 주택의 비율(재고율)은 겨우 8퍼센트대이며(이마저도 부풀려졌다는 비판이 많다), 저렴하게 오래 살 수 있는 영구 임대 주택은 1퍼센트도 되지 않는다. 이는 주거 빈곤층을 수용하기도 어려운 수준이며, 이런 상황이 변할 기미 없이 수십 년간 이어지고 있다.

"언제까지 살 수 있어요?"

청년 주택은 청년의 '퇴거'를 전제한다. 입주하기 전부터 이 주택들은 우리에게 이렇게 말하는 것 같다. "이렇게 입주했다고 해서 백날 천날 사는 게 아니라, 착실히 돈 모으고 결혼 준비하며 머지않아 떠나는 것이 국가에도, 청년 개인에게도 이득이다." 그래서 나는 청년 주택에 사는 청년들을 상담할 때면 으레 물을 수밖에 없는 질문이 있다. "언제까지 살 수 있어요?"

내가 만난 한 청년은 강북구에 있는 청년매입임대주택*에 살았다. 그는 당시 기준 최대 거주 기간인 6년을 꼬박 채운 뒤 근처 오피스텔로 이사 갔는데, 알고 보니 그 집은 깡통 전세였다. 이런 사례가 너무 많다. 2023년에야 비로소 청년 주택들의 최대 거주 기간이 10년으로 연장되기 시작했다. 그러나 재계약 조건도 까다롭고, 10년 역시 여전히 임시적이다. 우리 사회에서 보통의 청년이 10년 안에 자기 힘으로 집을 마련하는 것이 가능할까? 수도권이 아닌 곳에서 집을 찾으라는 비난의 목소리가 들리지만, 앞서도 말했듯 일자리가 수도권에 편중되어 있다는 현실을 부정하는 이야기에 불과하다.

---

* 한국토지주택공사(LH)에서 매입한 주택을 시중 시세의 40~50퍼센트 수준으로 청년에게 임대하는 공공 임대 주택이다.

더 오래 거주할 수 있도록 제도를 개선해야 한다는 민달팽이유니온의 문제 제기에 국토교통부의 한 관계자는 그렇게 하면 더 많은 이들이 이 공급 정책의 혜택을 누리지 못하기 때문에 형평성의 문제가 있다고 답했다. 그러나 여전히 납득되지 않는다. 더 안전한 집을 원했던 사람에게 잠시 숨통 틔울 시간을 벌어주었으니 그 뒤에는 어떻게 돼도 괜찮다는 말인가? 더 많은 사람이 안전하게 머물 수 있는 집을 더 많이 확보하는 전략이 우선되어야 하는 것 아닌가? 우리는 공공 임대 주택에서조차 연이은 퇴거를 직간접적으로 경험하며 주거권이라는 우리의 마땅한 사회적 권리를 만끽하는 게 아니라, 곧 있으면 또 내던져질 것이라는 불안을 학습하게 되는 것만 같다.

가장 안심하고 머물 수 있어야 하는 공공 임대 주택에서도 청년들은 입주 전부터 떠날 날을 생각한다. 왜 떠나야 할까. 원하는 때에 떠날 수 있는 것과 나의 의사와 상관없이 떠밀리듯 나가는 것은 전혀 다른 얘기다. 공공 임대 주택은 자산 증식 수단이 아닌 집, 금융 상품이 아닌 집, 가난한 사람도 안전하게 살 수 있는 집에 대한 가장 확실하고 분명한 실체다. 가장 공공성이 높고 가장 탈상품화된 집이다. 그런데 그곳에서조차 언젠가 다가올 퇴거일을 늘 의식하며 살아가야 한다는 게 너무 아쉽다.

주거 빈곤의 대물림을 생각하며

사라진 동네, 지워진 기억

주거 빈곤을 겪는 가구주의 곤경은 그 아래에서 자란 아동·청소년에게 고스란히 이어진다. 따라서 청년 주거 빈곤은 청년기에 갑자기 하늘에서 떨어진 재앙 같은 것이 아니다. 열악한 주거 환경, 과도한 임대료 부담, 세입자의 설움은, 아동·청소년기부터 누적된 경험의 결과에 가깝다.

내가 태어난 성남시의 구도심 지역은 1970년대 서울 도시 빈민들이 공권력에 의해 폭력적으로 집단 강제 이주를 당하며 형성된 주거지다. 열악한 주거 조건과 행정적 소외 속에서 이주민들이 느낀 분노와 절망은 1971년 '광주대단지 항쟁'으로 폭발했다.[83] 당시 국가는 가난한 도시 노동자들이 머물던

판자촌을 개발한다는 이유로 하룻밤에 이들을 트럭에 태우고 성남시 중원구, 수정구 일대의 허허벌판에 내려놓는 방식으로 강제 이주를 강행했다. 도로, 상하수도, 전기, 학교, 의료 시설 등 기본적인 생활 기반이 전혀 마련되지 않은 황무지였다. 경제 성장의 논리 속에 소외된 수많은 이주민들은 생존권과 주거권을 요구하며 거리로 나섰고, 이는 한국 현대사에서 드물게 기록된 도시 하층민의 집단 저항이었다.[84] 그 기억과 상흔이 고스란히 남아 있는 성남 지역은, 이제 수도 서울과 인접한 입지 덕분에 분당, 판교, 위례를 중심으로 수도권 남부의 집값 상승을 이끌고 있다. 이 세 곳은 20평대 아파트가 20억 원대에 달하는 고가 아파트가 밀집한 주거지다.

하지만 그 몇몇 동네를 제외하면, 광주대단지 항쟁이 벌어진 구도심에는 여전히 도시 빈민의 거처가 밀집해 있다. 이런 현실은 좀처럼 주목받지 못한다. 오히려 열악하다는 이유로 성남에서 가장 재개발하기 좋은 지역으로 취급될 뿐이다.

2010년 통계청 자료에 따르면, 내가 아동·청소년기를 보냈던 바로 그 시기, 내 고향은 아동 주거 빈곤율 상위 5위 지역이었다. 전국적으로는 약 128만 9천 명의 아동이 주거 빈곤 상태에 있었고, 그중 2만 4800명이 비닐하우스나 컨테이너 같은 곳에서 살았다. 내가 주거권 활동가로서 이 통계청 자료를 보던 어느 날, 잊고 있던 기억 하나가 불쑥 떠올랐다. 어린 시절 내 친구는 비닐하우스 안에 놓인 컨테이너 집에 살고 있었다. 나는 왜 그 친구를 잊었을까, 왜 그 집을 기억하지 못했을까. 나는 몰랐다. '아동 주거 빈곤'이라는 개념이 있다는 것조차, 어른이 되어 주거권 운동을 접하고 나서야 알게 되었다. 그때는 그저 친구가 산기슭 구석진 곳에 살아서 자주 보지 못하는 게 아쉽다고만 생각했던 것 같다. 어린 시절의 내가 봤던 장면들이 다시 새롭게 떠오르는 순간이었다.

2010년대 후반 서울시의 아동 주거 빈곤 실태 조사에서는 '아동이 친구를 집에 데려온 경험'을 조사했다. 전체 아동 가구 중 절반(50.8퍼센트)이 그런 경험이 있는 반면, 주거 빈곤에 처한 아동 가구 네 명 중 세 명은 데려온 적이 없다고 답했다. 나도 어렴풋이 기억난다. 학교 수업을 마치면 친구들 집을 돌아가며 놀던 시절이었다. 집 안에서 놀다 가까운 놀이터에서 놀다, 다시 그 집으로 들어가 밥을 얻어먹고 해 질 무렵 뭉그적거리며 각자의 집으로 돌아가던 게 일상이었다. 하지만 친구 스스로 초대하기를 꺼리는 집도 있었고, 한번은 다 같이 우르르 갔지만 그 뒤로는 다들 알아서 찾지 않는 집도 있었다. 친구 관계가 달라지진 않았지만 그 사이의 웅성거림은 있었다. 누구네 집은 곰팡이가 펴서 더럽다는 이야기, 누구한테 나던 냄새가 집에서도 났다는 이야기, 누구네 집은 식구도 많은데 너무 좁아서 깜짝 놀랐다는 이야기….

빈곤이 자리한 터 위에서 기꺼이 관계 맺고 끊임없이 서로의 삶에 얽혀 들었던 그 많은 기억들, 우리의 이야기들은 동네 전체가 개발에 휩쓸려 사라졌을 때 함께 지워진 것 같다. 나는 어린 시절을 추억할 수 있는 모든 공간을 잃었다. 친구와 울고 웃고 함께 자랐던 집과 길을 이제는 다시 돌아볼 수 없다. 도시 개발이 나와 우리의 흔적을 억지로 지워버렸다는 생각을 지울 수가 없다. 그 사실이 가끔 슬프고 자주 억울하다.

아파트 키즈? 재개발 강제 퇴거 키즈!

성남시 중원구 상대원동은 한때 아동 주거 빈곤율이 전국에서 가장 높은 지역 중 하나였다. 이후 통계상으로는 점차 빈곤율 수치가 나아졌다. 하지만 어디까지나 '수치'상의 변화일 뿐이다. 집값이 오르고, 그 돈을 감당할 수 있는 사람들로 인구 구성이 바뀌었기 때문이다. 주거 빈곤 문제가 해결된 것이 아니라, 재개발을 통해 원래 그 자리에 살던 아동들과 양육 가구들이 밀려나고, 끝내 재정착하지 못한 결과다. 이미 나와 친구들이 겪은 일이고, 지금도 도시 곳곳에서 똑같이 반복되는 일이다.

낙후된 주택가는 재개발의 대상이 되고, '주거 환경을 정비한다'는 명분으로 퇴거와 이주가 이루어진다. 재개발에 반대하는 소유자가 있어도 찬성하는 쪽이 더 많으면 그들의 집과 땅 역시 강제로 개발 대상에 포함된다. 개발 이후 재정착할 비용이 없다면, 집주인이든 세입자든 결국 쫓겨날 수밖에 없다. 그것이 우리 사회가 오래되고 낙후된 주거지를 깨끗한 아파트 단지로 바꾸어 온 방식이다.

지금의 청년 세대를 두고 '아파트 키즈'라는 말이 쓰이곤 한다. 아파트 단지가 늘 누군가가 쫓겨난 자리에 들어섰다는 것을 생각하면, 어떤 키즈들은 재개발로 인해 쫓겨남을 경험하며 자랐다는 뜻이다. '아파트 키즈'와 '재개발 강제 퇴거 키즈'는 동시대를 살며 너무나 다른 서로의 자리를 각자의 삶의 풍경으로 여기며 살아왔다. 청년 세대가 겪는 주거 불안은 어쩌면 바로 그 자리들에서부터 시작했을지 모른다. 성장하는 내내 제대로 이름 붙이지조차 못했던 가난의 풍경에서 싹튼 주거 불안이 청년기에 이르러서 각자의 몫으로 피어난다. 가난한 아이는 자라서 가난한 청년이 되고, 주거 빈곤을 겪는 가구주가 양육하던 아동은 자라서 주거 빈곤을 겪는 청년 가구주가 된다.

아이는 주택 할인 쿠폰이 아니다

아동과 청소년이 겪는 주거 빈곤 문제는 그들의 물리적·

신체적·정신적 성장에 영향을 끼친다. 그 시절의 경험은 개인의 건강에도, 교육 경험과 나아가 노동 경험에도 영향을 준다. 그리고 사회적 관계 형성 경험에 중요한 영향을 끼친다. 그런데도 우리 사회에서는 아동·청소년의 주거권을 국가가 어떻게 보장할 것인가에 대한 논의가 매우 부족하다. 오직 출산율에만 집착할 뿐 태어난 아이가 어떤 환경에서 살아가는지는 국가의 관심 밖에 머물러 있다.

2024년 윤석열 정부는 '인구 국가비상사태'를 선언하고, 집값이 비싸 결혼과 출산을 포기하는 현실을 언급하며 여러 대책을 망라했다. 결혼만 하면 종합부동산세도 감면해주고, 아이만 낳으면 대출 조건도 완화된다. 신혼부부와 출산 가구는 이전에 청약에 당첨된 적이 있더라도 한 번 더 당첨될 수 있도록 기회를 부여받는다. 이와 함께 '신생아 특례 대출'을 통해 부부들의 집값 부담을 줄여주겠다고 장담했다. 이 제도는 9억 원 이하, 전용면적 85제곱미터 이하 주택에 최대 4억 원까지 연 1~4퍼센트대 저금리로 대출해주는 것이다. 소득 요건은 부부 합산 연 2억 원 이하인데, 2025년 이후 3년 안에 아이를 낳을 경우 연 2억 5천만 원까지 완화된다. 여기에 더해 특례 대출을 받은 이후 2년 내에 자녀를 추가로 낳으면 자녀 한 명당 연 0.2퍼센트 금리 할인 혜택이 제공된다. 아이를 주택 구입 할인 쿠폰 정도로 여기는 걸까?

이런 대출 중심의 주거 정책은 앞서도 말했지만 소득과 자산이 안정된 상위 계층의 재생산을 지원하는 데 유리하게 작동한다. 가난하고 노동이 불안정할수록 소득과 자산은 부족하고, 그만큼 대출 가능한 금액도 줄어들 수밖에 없다. 실제로 이 대출을 이용한 사람들 중 절반 이상이 고소득자였다.[85] '신혼부부' '신생아' 같은 대출 정책의 명칭은 마치 보편적 지원인 것처럼 보이게 하지만, 그 안에 내포된 차별과 불평등의 구조를 은폐하는 역할을 한다. 그 결과 대출 이자 지원이라는 형태의 정부 재정이 가난한 이들에게는 더 적게, 부유한 이들에게는 더 많이 흘러 들어가게 된다. 이는 아동의 주거권마저 시장의 원리에만 내맡기고 방치하는 것이다.

주거 위기는 곧 생존의 위기다. 안전하고 쾌적한 집에서 머물며 함께 사는 이들과 돌봄을 주고받을 수 있는 삶이 보장되지 않는다면, 누군가는 아동기부터 주거 빈곤을 겪고 누군가는 청년기에 전세 사기를 당해 생존을 위협받는 일이 벌어진다. 그러므로 지금 우리에게 필요한 것은 9억 원짜리 집을 사면 받을 수 있는 이자 할인 쿠폰도, 결혼하거나 아이를 낳으면 한 번 더 청약에 당첨될 수 있는 기회도 아니다.

가난한 이들, 집과 땅을 소유하지 않은 이들의 자리를 지우고 배제하는 사회에서는 누구나 생존의 위협을 느낄 수밖에 없다. 나를 보호하는 사회 안전망이 부재한 사회, 나와 가족에게 모든 책임을 떠넘기는 사회, 혹시나 정부를 믿었다가 전세 사기를 당하는 사회에서 누가 미래를 말하고 현재의 안정을 말할 수 있을까. 한국 사회의 진짜 위기는 저출생 그 자체가 아니라, 아동과 청소년의 주거 빈곤마저 돌보지 않는 정부의 태도다. 더 많은 공공 임대, 아동을 포함한 주거 빈곤층에 대한 직접적인 주거·돌봄 지원 체계, 더 나아가 주택의 탈상품화를 고민하는 길 위에서 더 나은 사회에 대한 희망이 열릴 것이다.

6장

새로운 집에 대한 상상

최소한의 집다운 집

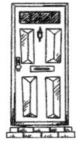

지호 씨의 집 구하기

"집을 구할 때 가장 중요하게 생각한 건 크기(면적)였어요. 혼자 살아도 좀 편하게 움직이고 작업도 할 수 있는 공간이 필요해서요. 둘째로는 단열이었죠. 처음 독립해서 살았던 곳이 겨울엔 너무 춥고 또 여름엔 너무 더워서 힘들었거든요. 셋째로는 방음을 고려했어요. 층간 소음도 문제지만 벽간 소음은 정말 스트레스예요. 방음은 사는 데 아주 중요한 문제인데, 이걸 미리 확인하기가 어렵더라고요. 채광도 중요하지만 그건 포기했어요."

2021년 나는 청년 당사자들이 집을 구할 때 겪는 문제를 직접 듣고 기록하기 위해 한 대학교 주변에서 자취 중인 지호 씨를 만났다. 당시 지호 씨는 청년 1인 가구로 독립한 지 7년 차였다. 나는 그에게 집을 구할 때 어떤 조건을 고려하는지 물었다. 지호 씨는 망설임 없이 '면적'을 꼽았다. 그에게 집은 휴식 공간이면서 동시에 작업 공간이었기에 "어느 정도 평수가 있는 집"이 필요했다.

둘째로 중요한 것은 '단열'이었다. 이 조건은 그의 첫 독립 경험에서 비롯되었다. 그가 살았던 첫 집은 단열이 거의 되지 않아 겨울에는 춥고 여름에는 더운, 그야말로 사계절을 온몸으로 느낄 수 있는 집이었다. 나 역시 여름에는 선풍기를 틀어도 덥고 겨울에는 창문을 닫고 커튼을 쳐도 집 안 가득 냉기가 스며들던 곳에 산 적이 있다. 나중에 알고 보니 그 집은 위반건축물이었다.

지호 씨가 셋째로 고려한 요소는 '방음'이었다. 저렴한 1인용 주거 공간이 밀집한 대학가일수록 방음이 취약한 경우가 많은데, 층간·벽간 소음은 삶의 질과 직결된 중요한 요소라며 그는 거듭 강조했다. 하지만 집을 구하는 과정에서 방음 상태를 확인하기는 거의 불가능했다. 내가 만난 다른 청년도 집에서 요가를 하는데 옆집 사람으로부터 숨소리가 시끄럽다는 항의를 받았다고 했다. 옆집의 대화 소리, 통화 소리, 알람 소리가 고스란히 들린다는 이야기는 청년 1인 가구가 밀집한 지역에서는 흔하디흔한 에피소드다.

지호 씨는 대출이 가능한 한도 내에서 면적, 단열, 방음 같은 조건들을 꼼꼼히 따져 지금의 집을 선택했다. 비록 옆 건물과 간격이 좁아 방에 햇빛이 잘 들어오지 않는다는 단점이 있지만 자신에게는 현실적이고 합리적인 결정이었다고 말했다. 지호 씨를 비롯한 많은 청년들이 주거 조건의 우선순위를 끊임없이 고민한다. 최소 면적, 단열, 방음, 안전 같은 요소들의 순위를 매기고, 무엇을 포기할지 저울질한다. 지호 씨와 비슷한 고민을 안고 살아가는 사람들이 수없이 많지만, 이 모든 것은 개인이 감내해야 할 문제로 인식되고 있다.

최저 기준은 적정 기준이 아니다

우리나라에는 '최저주거기준'이라는 행정 규칙이 있다. 이 기준은 "쾌적하고 살기 좋은 생활을 영위하기 위해" 필요한 최소한의 주거 환경을 보장하는 역할을 한다. 하지만 지나치게 협소하고 선언적이라는 한계가 있다. 가구 구성에 따른 최소 주거 면적은 비교적 구체적으로 규정되어 있으나, 구조나 안전, 위생 등과 관련된 항목은 형식적이고 추상적이다. 즉 주거 품질에 대한 실질적이고 구체적인 최소 기준이 사실상 없다. 다음은 해당 규칙에 명시된 가구 구성별 최저 주거 면적과 용도별 방의 개수다.

1인 가구	1개의 침실과 부엌, 최소 14제곱미터(4.2평)
2인 가구	1개의 침실과 식사실 겸 부엌, 최소 26제곱미터(7.8평)
3인 가구	2개의 침실과 식사실 겸 부엌, 최소 36제곱미터(10.8평)
4인 가구	3개의 침실과 식사실 겸 부엌, 최소 43제곱미터(13평)
5인 가구	3개의 침실과 식사실 겸 부엌, 최소 46제곱미터(13.9평)
6인 가구	4개의 침실과 식사실 겸 부엌, 최소 55제곱미터(16.3평)

최저주거기준은 1인 가구의 경우 부엌과 침실 등을 포함해 최소 14제곱미터의 면적을 보장해야 한다고 규정한다. 어디까지나 '최저' 기준이지만 현실에서는 '적정' 기준으로 작동하고 있다. 실제로 이 기준을 지침 삼아 지어지는 청년 주택들은 대부분 14제곱미터를 약간 웃도는 규모로 설계되어 있다. 정부 관계자들은 면적을 늘리면 그만큼 임대료가 오르고, 공급할 수 있는 호실이 줄어든다는 이유를 내세우곤 한다. 2015년 제정된 주거기본법은 주거권을 명시하며, 최저 기준을 넘어 '유도 주거 기준' 마련을 권고하고 있다. 유도 주거 기준이란 말 그대로 국민이 최소한의 주거 수준을 넘어서 더 쾌적하고 바람직한 주거 환경에 도달할 수 있도록 정책적으로 제시하는 목표다. 그러나 아직 구체적으로 마련된 적이 없다.

그 많은 공급은 무슨 집을 만들었나?

서울처럼 인구가 밀집한 도시에서는 고시원을 비롯한 '주택 이외의 거처'가 계속해서 늘어나고 있다. 반빈곤·주거권 단체들은 오랫동안 주택법의 적용을 받지 않는 이러한 거처들에 대한 기준을 마련하라고 꾸준히 요구해 왔다. 변화를 미루던 시간들이 쌓이다 결국 재난이 법을 만들었다. 2018년 종로의 고시원에서 화재로 수급자 네 명을 포함한 일곱 명의 도시 노동자가 사망했다. 이 사건이 사회적 문제로 부각된 후 서울시는 고시원에도 적용할 수 있는 주거 기준에 대한 논의를 시작했고, 4년이 지난 최근에서야 '고시원 주거 기준'이 세워졌다.

2022년 7월부터 서울에서 새로 짓거나 증축하는 고시원은 각 방의 면적이 7제곱미터 이상이어야 하고 창문 없는 방을 만들 수 없다.[86] 그러나 다수의 사고가 발생하고 있는 노후 고시원은 이 기준을 적용받지 않는다. 2020년 한국도시연구소가 진행한 〈서울시 고시원 거처 상태 및 거주 가구 실태 조사〉에 따르면, 당시 서울에는 5,807개의 고시원이 있었고, 여기에 16만 가구가 살았다. 이들의 안전을 위해 주거권 단체들은 이제 기준 개선을 요구하고 있다.[87]

청년들 곁에는 고시텔, 원룸텔처럼 마치 자신이 호텔인 것처럼 구는 기만적인 거처들이 늘고 있다. 이곳들 역시 법적으로 주택이 아니기에 최저주거기준의 적용을 받지 않는다. 인구주택총조사를 분석한 자료에 따르면, 주택 이외의 거처에 사는 가구 수는 2005년 6만에서 2024년 48만으로 꾸준하고 가파르게 증가했다.[88] 오피스텔을 제외한 수치인데도 이 정도였다. 수십 년간 공급 중심의 주거 정책이 이어져 왔지만, 그 많은 공급이 과연 '집다운 집'을 늘려 왔는지에 대해서는 회의적일 수밖에 없다.

사라지지 않는 자들의 집

'집다운 집'에서 살고 싶다는 바람은 욕심이 아니라 권리에 대한 자각이다. 앞서 언급했듯 1991년 유엔은 적정 주거의 일곱 가지 구성 요소를 제시했다. 점유의 법적 보장, 서비스·물자·시설·인프라에 대한 가용성, 비용의 적정성, 거주 가능성, 접근성, 위치, 문화적 적절성. 다소 이상적으로 들릴 수도 있겠다. 그러나 적정 주거라면 놓칠 수 없는 요소들이기도 하다. 우리는 최저선을 넘어 도달해야 하는 지표로서의 기준이 필요하다. 이런 의미에서 국제 기준은 도움이 된다. 국제 기준을 무조건 따라야 한다는 의미가 아니라, 이 기준이 의미하는 삶의 조건을 파악하고 우리 실정에 맞게 재해석하는 과정만으로도 주거권이라는 개념 자체가 낯선 우리 사회에서는 충분히 의미가 있다는 말이다.

이제는 현재의 주거 기준을 근본적으로 재검토할 때다. 주택이든 주택 이외의 거처든, 단순히 면적만이 아니라 구조, 안전, 위생 등 주거의 질을 실질적으로 높일 수 있는 항목을 대폭 확장해야 한다.

가장 중요한 일은 이미 적정하지 못한 집에서 살고 있는 사람들이 더 나은 집에서 살 수 있도록 지원하는 정책이 뒤따라야 한다는 점이다. 2022년 여름 수도권에 쏟아진 기록적인 폭우로 신림동과 상도동의 반지하에서 네 명의 여성이 목숨을 잃는 참사가 발생했다. 이 참사 직후 오세훈 서울시장은 반지하 주택을 순차적으로 없애겠다며 '반지하 일몰제'를 추진했고, 반지하가 많은 지역에는 재개발 사업 평가에 가점을 부여하기로 했다.[89] 반지하를 떠날 수 없는 이들의 현실은 외면한 채, 그곳에서 벌어진 참사마저 개발의 명분으로 삼는 행태에 깊은 분노를 느낀다.

실제로 반지하처럼 열악한 거처를 '없애기'만 하는 정책은 효과를 거두지 못한다. 2024년 인구주택총조사에서 집계된 서울 반지하 가구 수는 25만으로, 서울 전체 가구의 6퍼센트를 차지한다. 2022년 참사 이후 3년 동안 서울 내 연립·다세대 반지하에 새로 체결된 전월세 계약은 9천 건, 그중 침수 위험 지역에서 맺어진 계약만 2천 건에 달했다. 반지하를 계속해서 찾게 되는 사람들, 반지하에서 계속 살아가는 사람들이 도시 곳곳에 이미 존재한다. 도시 개발로 반지하를 없앤다 한들, 이들의 존재마저 사라지는 것은 아니다.

주거권 단체들은 반지하를 비롯한 열악한 거처에 사는 사람들을 위해 공공 기관이 도심의 주택을 직접 매입해 공급하는 '매입임대'가 필요하다고 강조한다. 그저 반지하를 부수고 없애는 것으로는 그곳에 살던 사람들이 또 다른 반지하, 또 다른 주택 이외의 거처로 내몰리는 현실을 바꿀 수 없다. 사라지지 않는 이들이 안전하게 머물 수 있는 곳, 그 거처를 함께 확보하는 정책이 반드시 동반되어야 한다.[90]

달팽이집의 실험

2020년 7월 주택임대차보호법과 부동산거래신고법 개정안이 국회를 통과했다. 소위 '임대차 3법'으로 불리는 세 가지 법률이 핵심이었다. 세입자가 한 차례(2년) 계약 갱신을 요구할 수 있는 '계약갱신청구권', 계약 갱신 시 임대료 증액을 5퍼센트 이내로 제한하는 '전월세상한제', 보증금 6천만 원 또는 월세 30만 원을 초과하는 계약에 대해 신고를 의무화한 '전월세신고제'가 그것이다.

임대차 3법은 유엔이 권고한 적정 주거의 요소 가운데 '점유의 법적 보장'과 '비용의 적정성'의 취지를 어느 정도 담고 있다. 점유의 법적 보장은 앞서 언급했듯 점유 형태와 관계없이 모든 사람이 강제 퇴거나 퇴거를 목적으로 한 괴롭힘 같은 위협으로부터 법적으로 보호받을 권리다. 비용의 적정성은 모든 사람이 자신의 경제적 형편에 맞는 집을 구할 수 있어야 하고(주거비 부담 가능성), 주거비 부담이 다른 기본적인 생활을 해치지 않아야 한다는 뜻이다.

임대 주택이 아무리 개인의 재산이라 해도, 그 이윤 추구가 세입자의 주거권까지 침해할 수는 없다. 특히 2년 만에 이루어지는 재계약의 경우에 임대료 인상률을 5퍼센트 이내로 제한하는 것은 합리적인 조치라고 할 수 있다.* 그러나 제도 도입 당시 많은 임대인들과 그들의 이해를 대변하는 보수 언론은 임대 수익률의 저하 등을 이유로 거세게 반발했다. 지금도 제도 폐지를 요구하는 목소리가 이어지고 있다. 하지만 나는 오히려 이런 반대의 목소리가 이 제도들이 존재해야 하는 이유라고 생각한다.

여전히 우리 사회의 '집' 이야기는 공급자, 즉 임대인의 시각이 지배적이다. 세입자가 존중받는 집을 떠올려볼 수는 없을까? 그 집은 어떤 모습일까? 세입자가 편히 살 수 있는, '집다운 집'은 어떻게 실현할 수 있을까? '달팽이집'을 통해 그 이야기를 해보려 한다.

---

* 참고로 2018년 개정된 '상가건물임대차보호법'은 최초 계약 기간을 포함해 최대 10년 동안 임차인이 계약 갱신을 요구할 수 있다.

쫓겨나지도 않고 쫓아내지도 않는

 2014년 민달팽이유니온에서 출발한 민달팽이주택협동조합은 청년 세입자들이 모여 공급자 중심이 아닌 수요자 중심의 집을 직접 구상하고 만들기 위해 탄생한 단체다. 청년 세입자들이 스스로 주거 문제를 해결해 나가는 실천의 공간으로서 '달팽이집'의 역사가 그렇게 시작되었다. 내게 달팽이집은 쫓겨나지도 쫓아내지도 않는 집, 세입자에 의한, 세입자를 위한, 세입자들의 집이다. 특히 '주거권'을 중시하는 집이기도 하다.
 초기의 조합은 민간이 소유한 주택을 임차하는 방식으로 세입자들이 모여 살 집을 찾았다. 노동자들이 노조를 만들어 협상력을 키우듯, 세입자들의 힘을 모아 시세보다 저렴하면서도 비교적 장기간 머물 수 있는 계약을 성사시켰다. 더불어 세입자들이 함께 집을 고치고 가꾸며 자신들의 공간을 주체적으로 만들어 나갈 수 있도록 했다.
 '달팽이집 2호'는 2014년 빌라 한 채를 통째로 6년간 임차한 집이었다. 조합 명의로 맺은 전세 계약은 주변 시세의 60~80퍼센트 수준이었고, 입주자와 주택 관리의 모든 책임은 조합이 맡았다. 덕분에 우리는 자율적으로 입주자와 계약 조건을 정하고 우리만의 주거 문화를 만들 수 있었다. 예를 들어 조합은 6년 장기 전세 계약을 맺었지만 실제 입주자들은 월세로 계약할 수도 있었고, 원하는 만큼 살다 나갈 수도 있었다. 조합이 계약한 집이었기에 조합에 속한 세입자들에게는 어느 정도의 자유가 보장되었다. 그러나 조합 역시 건물주에게는 임차인이었고, 민간 임대 시장의 구조적 불평등에서 자유로울 수 없었다. 계약갱신청구권이 없던 시기라 계약 만료 후 퇴거를 원하는 건물주의 요구를 일방적으로 받아들일 수밖에 없었다. 달팽이집 2호는 그렇게 운영을 마무리했다.

세입자 공동체가 생각하는 법

보통의 상황이었다면 입주해 있던 세입자들은 뿔뿔이 흩어져서 각자 다른 길을 찾았을 것이다. 임차 계약의 주체로서 조합은 세입자들에게 퇴거를 제때 통지하는 것 이상의 책임이 없었다. 하지만 그 상황은 세입자들의 주거권을 훼손하는 일이었다. 이에 조합은 세입자들이 살 자리를 함께 고민하기로 했다. 마침 인근에 신규 달팽이집('달팽이집 연희')이 마련될 예정이었고, 조합은 이들의 재정착을 보장하기로 결정했다. 이 결정은 조합의 존재 이유가 가장 분명하게 드러난 순간이었다. 조합이 일반 주택 공급자가 아니라, '세입자' 정체성으로 모인 집단이기에 가능한 발상이자 실천이었다.

이 과정에서 '달팽이집 콤마'(이하 콤마)가 등장했다. 2호의 계약이 만료되는 시점에 곧바로 달팽이집 연희로 이주할 수 없었기에 그동안 살 집이 필요했다. 보통 재개발·재건축이 진행될 때, 기존 거주자들은 재정착을 하더라도 새 주택이 마련되기 전까지는 스스로 임시 거처를 찾아야 한다. 하지만 조합은 함께 머물 수 있는 집을 확보하기로 했고, 그곳이 바로 '콤마'였다. 이 또한 조합이 세입자의 주거 안정성을 최우선으로 생각했기에 가능한 선택이었다. 이후 달팽이집 연희가 완성되자 콤마는 제 역할을 다한 뒤 문을 닫았다.

민달팽이주택협동조합은 세입자 구성원들의 정착과 이주를 함께 고민한다. 원하는 만큼 살 수 있는 삶이 '소유'를 통해서만 가능하다면, 세입자가 있을 곳은 매번 타의에 의해 좌우되는 불완전하고 불편한 자리일 수밖에 없다. 그래서 우리는 세입자여도 자신의 거처를 결정할 수 있는 방법을 찾고, 그 가능성을 달팽이집에서 실천해 나가고 있다. 실제로 조합에는 달팽이집을 오가며 9년째 거주 중인 청년도 있다. 보통 청년들이 한 곳에 머무는 기간이 1, 2년에 불과한 현실을 생각하면, 이는 정말 드문 '정주'인 것이다.

달팽이집의 도전

달팽이집에서는 모두가 세입자이기에 세입자의 생활과 안정을 지킬 수 있는 다양한 방법을 고민한다. 적절한 임대료도 그중 하나다. 과도한 주거비 부담을 경계하는 '비용의 적정성'은 적정 주거를 구성하는 중요한 요소다. 조합에서는 매년 세입자들이 부담할 수 있는 범위 안에서 임대료 인상을 고려한다.

'달팽이집 2호'는 한 번도 임대료를 올리지 않았는데, 2014년부터 6년 동안 보증금 60만 원대, 월세 23만 원을 유지했다. 코로나 팬데믹 시기에는 월세 지원금 제도를 시행했다. 갑자기 일자리를 잃거나 소득이 줄어 임대료 연체 위기에 놓인 세입자에게 월세의 20퍼센트를 지원하는 방식이었다. 보증금 지원 제도도 운영했다. 열악한 공간에서 벗어나 달팽이집에서 살고 싶어도 목돈이 없어 망설이는 이들을 위한 장치였다.

적정 주거의 또 다른 요소에는 '서비스·물자·시설·인프라에 대한 가용성'과 '거주 가능성'이 있다. 전자는 깨끗한 식수, 전기, 가스, 상하수도, 햇빛을 가릴 수 있는 차양, 세면 시설 등 건강하고 안락한 생활을 위한 기본 설비를 갖추는 것이다. 후자는 주거 공간이 지나치게 좁지 않고 추위·더위·비바람을 막을 수 있을 정도의 안전성과 쾌적한 환경이 마련되어야 한다는 뜻이다. 집은 물리적 공간을 넘어 공동체를 이루고 사회적 관계를 맺는 장소지만, 그에 앞서 이러한 물리적 조건을 제대로 갖추는 것은 기본 중의 기본이다. 초창기 불법건축물에서 살아본 경험 이후 조합은 아무리 위치가 좋고 시설이 훌륭하더라도 불법건축물은 달팽이집 후보지에서 제외하기로 했다. 우리의 기준이 분명해지자 주택 시장에서 선택지는 눈에 띄게 좁아졌다. 근린생활시설도 여관도 거절했다. 비가 새는 집이나 철거를 앞둔 집에는 머물러보기도 했다. 민간 임대차 시장에서 조합의 기준에 부합하면서 괜찮은 집을 찾는 일은 끝없는 싸움에 가까웠다.

서울시의 '토지임대부 사회주택' 사업은 조합에 큰 변화를 불러왔다. 이 사업은 서울시가 소유한 땅을 30년간 조합에 빌려주고, 조합이 그 위에 집을 지어 세입자에게 임대하는 방식이다. 그렇게 '달팽이집 연희'가 탄생했다. 이 집은 세입자들이 설계 단계부터 의견을 내고 참여해 완성한, 조합의 첫 '소유형 비영리 주거 모델'이다. 단열과 누수 문제에 특히 신경 써 시공했고, 지층에는 함께 쓸 수 있는 커뮤니티실을 마련했다. 일부 호실에는 유니버설디자인*을 적용했고 태양광 발전도 도입했다. 네 명이 1인 1실로 사는 셰어하우스형 호실은 방의 크기를 모두 동일하게 설계하고, 화장실도 두 개 두었다. 문짝 세 개만 한 큰 창을 통해 해가 뜨고 지는 풍경을 바라볼 수 있다. 월세는 30만 원이다. 민간 임대 주택에서는 좀처럼 보기 힘든, 합리적인 비용으로 '집다운 집'을 누릴 수 있는 곳이다.

계약서 작성부터 퇴거 교육까지

2016년부터 청년 주거 문제 해결을 위한 새로운 형태의 공공 임대 주택이 도입되었다. '사회적주택'(현 특화형 매입임대주택)이라 불린 이 제도는, 서울시 같은 공공 기관이 매입한 주택을 사회적경제 주체(비영리 법인, 협동조합, 사회적기업 등)가 위탁받아 운영하는 방식이다. 이들은 단순히 집을 관리하는 데 그치지 않고 세입자와 지역 주민이 함께 공동체를 만들

---

* 장애, 연령, 성별과 관계없이 누구나 안전하고 편리하게 이용할 수 있도록 설계하는 디자인 원칙을 뜻한다.

어 가도록 돕는다. 민달팽이주택협동조합은 이 제도에 영감을 준, 말하자면 '뮤즈'나 다름없다.

2016년 말, 조합은 전국 단위로 최초 시행된 'LH 사회적주택'에 참여한 이후, 공공 임대를 위탁·운영하는 방식으로 달팽이집을 주로 확보하고 있다. 2014년 출범 이후 지금까지 총 22채의 달팽이집을 운영했고, 878명의 세입자가 이곳을 거쳐 갔다. 2025년 현재 13채 257호의 달팽이집을 운영 중이며, 총 조합원은 568명이고 이 가운데 310명이 실제로 입주해 있다.

달팽이집에서는 세입자가 계약서를 작성하는 데 한 시간 이상 걸린다. 계약서의 모든 내용을 천천히 설명하고 세입자의 권리를 꼼꼼히 안내한다. 주택에 대출이 잡혀 있다면 그 금액과 권리관계를 명확히 밝히고, 혹시라도 집이 경매로 넘어가게 될 경우 어떤 절차를 통해 보증금을 전액 회수할 수 있는지도 설명한다. 물론 지금까지 보증금 미반환 사고는 한 건도 없었다.

관리비 항목 또한 빠짐없이 안내한다. 무슨 내역인지도 모른 채 '제2의 월세'처럼 돈을 내야 하는 일은 없다. 세입자들은 공용 공간을 어떻게 활용할지, 관리비 항목에 무엇을 더하고 뺄지를 함께 결정한다. 달팽이집을 떠나려는 이에게는 민간 주택 시장에서 겪을 어려움에 대비할 수 있도록, 원한다면 주거 교육도 진행한다.

달팽이집의 가치

　세입자의 권리를 살뜰히 챙기는 달팽이집에서 우리는 서로 존중받는다는 감각을 공유한다. 신뢰가 쌓인 공동체 안에서는 호혜적인 돌봄과 연대가 자연스럽게 이루어진다. 커뮤니티실을 만들어 둔다고 해서 저절로 커뮤니케이션이 생기지는 않는다. 월 1회 반상회를 의무화한다고 해서 공동체가 활성화되는 것도 아니다. 내가 여러 달팽이집을 거쳐 살며 배운 것이 있다. 세입자의 권리가 충분히 보장될 때, 세입자인 우리는 서로를 살피고 돌볼 여유를 갖게 되고, 그 여유 속에서 크고 작은 돌봄과 연대가 자라난다는 것 말이다.

　우리는 어디서든 마주치면 서로 인사를 건네고 함께 일상적인 대화를 나눈다. 두통약이 없을 때 스스럼없이 도움을 청한다. 눈이 쌓이면 함께 모여서 눈도 치우고 눈싸움도 한다. 화단 정리를 하자고 모여서 난생처음 톱질도 해본다. 옥상에 함께 쓸 파라솔을 설치하고 바비큐 기계를 사 둔다. 반상회를 핑계 삼아 동네 산으로 벚꽃을 구경 간다. 저녁 늦게까지 혼자 일하고 있는 이에게 밥을 권하고 함께 지어 먹는다. 귀갓길에 모르는 사람이 따라오는 것 같다는 말에 함께 경찰서도 가고 귀갓길도 동행한다. 생일도 축하하고 입주와 퇴거도 기념한다. 우리는 서로 만나고 교류하기 위해 기꺼이 애쓴다.

그렇게 서로 애써서 만들어지는 안정감이 달팽이집을 달팽이집답게 한다. 나는 이것이 달팽이집의 중요한 의미라고 생각한다.

2024년 〈달팽이집 10주년 보고서〉를 보면, 달팽이집 거주자들이 느끼는 안정감은 5점 만점에 4.43점이었고, 인사하고 지내는 이웃이 네 명 이상인 비율은 57.3퍼센트를 넘었다. 이는 달팽이집이 만들어내는 공동체의 질을 보여주는 중요한 지표다.

집과 동네는 우리 몸이 머무르고 오가는 장소다. 자신의 몸이 안전하다고 느낄 때에야 비로소 주변을 돌아볼 여유가 생기고, 이웃에게 관심과 애정을 품을 수 있다. 달팽이집은 바로 이런 선순환이 일어날 수 있는 공간을 꿈꾼다. 청년 세입자들이 안정적인 주거 환경에서 서로를 돌보며 일상을 함께 만들어 가는 곳, 주거권을 실천하는 바로 그 장소와 관계에 달팽이집의 가치가 있다.

<럭키, 아파트>를 보고 나서

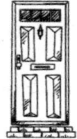

2024년 10월 개봉한 강유가람 감독의 영화 <럭키, 아파트>는 영혼을 끌어모아 마련한 아파트에서 의문의 악취를 둘러싸고 갈등에 휘말리는 레즈비언 커플의 이야기다.* 부동산 문제부터, 성소수자의 삶, 돌봄과 연대, 노년의 고독에 이르기까지 한국 사회의 불평등과 차별이 놓인 자리들을 다룬다는 점에서 개봉 전부터 나를 포함한 많은 이들의 관심을 끌었다. 운 좋게도 나는 '가족구성원연구소'와 '빈곤사회연대'가 각각 마련한 '관객과의 대화(GV)'에 패널로 참여했다. 주거권뿐 아니라 페미니즘, 반빈곤 운동의 관점에서 이 작품을 어떻게 바라볼 수 있는지 이야기를 나누는 자리였다. 나는 이 영화를

---

* 이 글에는 이 영화의 주요 내용과 결말이 포함되어 있다.

여러 번 반복해 보면서 플롯에 집중하기도 하고, 소수자 문제에 주목하기도 하고, 주거 상담하듯 분석하기도 하며, 내 안에 떠오르는 질문들을 차근차근 곱씹어보았다.

레즈비언 커플의 영끌 투자

주인공 희서와 선우는 2020년대 초 집값이 급등하던 시기에 오래된 복도식 아파트를 구매한다. 행복한 날들이 이어지길 바랐지만, 선우는 갑작스럽게 일자리를 잃고 다리까지 다쳐 아르바이트도 그만두게 된다. 설상가상으로 대출 금리가 오르자, 아파트 구입 자금 대부분을 책임졌던 희서는 승진을 통해 이 위기를 넘기려 한다. 그러나 회사 내 유리천장에 가로막혀 남자 동기에게 승진 기회를 뺏기고, 어머니로부터는 이성애 결혼을 독촉받는 등 스트레스가 점점 쌓여 간다. 그러던 중 선우가 아파트에서 나는 악취에 집착하며 아파트 이웃들과 갈등을 빚자 희서의 불만이 폭발한다.

하지만 선우에게도 할 말은 있었다. 선우는 애초 '영끌'을 원하지 않았다. 끌어모을 무언가가 없기도 했다. 경제력을 지닌 파트너 희서의 결정을 따랐지만, 예기치 않게 실직을 하고 몸이 아파 경제적 역할을 전혀 할 수 없게 되었다. 집에 혼자 있는 시간이 많아진 선우는 어느 날 집에서 이상한 냄새가 난다는 것을 느꼈다. 그 원인을 알아보다 아랫집 할머니의 죽음과 그의 과거 퀴어 파트너였던 정남의 존재를 알게 된다. 노인의 죽음은 외로웠고, 추모도 애도도 없었으며, 장례를 위한 사회적·법적 절차에 정남의 자리는 없었다. 노인의 사진 한 장이라도 갖고 싶다는 정남의 말에, 선우는 희서의 SNS에도 자신의 사진이 없다는 것을 떠올린다. 선우는 "남 일 같지 않아서" 아랫집 노인과 정남의 일에 나선 것이다.

'집값' 공동체

한국 사회에서 아파트를 소유한다는 것은 일종의 '정상 시민' 자격처럼 여겨진다. 〈럭키, 아파트〉의 주인공 희서는 그 질서와 규칙을 잘 알고 있었다. 다른 정상성은 획득하지 못하더라도 아파트 소유자가 되는 정상성만큼은 간절히 욕망했다. 삶의 안정성을 지키고 지속적인 돌봄 관계를 유지하려면 주택을 소유해야 하고 가능하다면 집값이 잘 오르는 아파트여야 한다는 믿음은 한국 사회에서 신앙처럼 작동한다. 희서는 아파트를 마련하기 위해 수십 년 동안 매달 백만 원이 넘는 대출 이자를 감당하겠노라 자발적으로 선택했다. 퀴어 혐오가 일상인 사회에서 둘이 편히 있을 수 있는 자리를 마련하기 위해, 수억 원을 들여 주택을 소유해야만 주거 안정을 누릴 수 있다는 사회의 논리를 기꺼이 받아들였다.

그러나 내 집을 마련한다고 해서 자동으로 차별을 피하게 되거나 안정을 얻게 되는 것은 아니다. 집값 방어를 최우선으로 여기는 공인중개사이자 동대표가 악취를 쫓으며 심기를 건드리는 선우에게 화가 나 "여자들끼리 그렇고 그런 사이"라는 걸 알리고 싶지 않으면 가만히 있으라고 협박하는 장면은 이를 적나라하게 보여준다. 집값 상승을 중심으로 이해관계가 얽힌 상황에서, 자산 증식을 방해하는 것들은 조용히 치워지거나 시끄럽게 낙인찍힌다. 조용히 치워져야 할 것은 누군가의 고독사였고, 시끄럽게 낙인찍어야 할 것은 퀴어 커플의 사랑이었다.

집은 일차적으로 우리가 존재할 수 있는 물리적 공간을 의미하지만, 진정한 주거 안정은 이 공간만으로는 완성되지 않는다. 공간을 둘러싼 다양한 인간관계와 사회적 상호 작용이 안정적으로 지속될 때에야 비로소 편안한 '내 집', '주거 안정'을 말할 수 있다. 그런 관점에서 보면 선우와 희서의 '주거'는 늘 불안정했고 앞으로도 불안정할 수밖에 없어 보인다.

선우와 희서가 들어간 아파트는 '주거 생활' 공동체라기보다 '집값' 공동체에 가까웠다. 아랫집 할머니의 고독사로 아파트 전체에 악취가 퍼졌지만, 이 '집값' 공동체는 그 냄새를 덮을 만큼 돈 냄새에 취해 있었다. 법적 분쟁을 우려해 서류상 가족이 나타날 때까지 청소할 수 없게 된 할머니의 집에서는 지독한 냄새가 새어 나왔다. 그런데도 주민들은 모르는 척, 냄새가 나지 않는 척할 뿐이었다. '조용히만 하면' 집값에 부정적인 영향을 주지 않는다고, 집값은 절대 떨어지면 안 되니까 입단속하자고 서로를 다독였다.

아랫집 할머니의 집 앞에 강제 경매를 알리는 법원 등기문이 붙자, 사람들의 관심은 이제 '얼마에 낙찰될 것인가'에만 쏠렸다. 할머니의 지난 삶을 궁금해하거나 최소한의 연민을 보이는 말은 어디에도 없었다. 사람은 잊혀도 집값은 기억되는 곳이 아파트 공동체인 것만 같다.

연대의 공동체를 꿈꾸며

'주거 생활' 공동체가 아닌 '집값' 공동체에서 그 집에 살던 이의 죽음은 어떤 의미도 되지 못한다. 아랫집 할머니의 장례를 치러주고 싶어 하는 옛 파트너 정남이 나타났지만 결국 할머니는 무연고자로 분류되었다. 정남은 '가족 같은' 사람이지만 법적으로 유가족이 될 수 없었기에 장례를 치를 수도 없고 그의 집을 정리할 수도 없었다. 겨우 연락이 닿은 할머니의 남동생은 돈이 될 만한 물건만 뒤적이다 서랍장을 뒤엎고는 떠나버렸다.

　예전의 마을에서는 장례를 함께 치렀다. 함께 곡을 부르고 함께 무덤 자리를 알아보며 함께 제사 음식을 마련했다. '상도계(喪徒契)'라 하여 상여를 들고 무덤 자리까지 나아가는 일을 서로 나누어서 했다.[91] 막연히 옛날이 더 낫다고, 그때로 돌아가자고 말하는 것이 아니다. 가까운 장소에 머물던 이의 죽음을 함께 기억하고 애도하는 것은 죽은 이에게도, 살아 있는 이에게도 중요한 의식이라는 것이다. 자신의 거처를 곁에 끼고 있는 이의 죽음에는 무관심하면서 집값에만 들썩인다면 과연 제대로 된 공동체라고 부를 수 있을지, 적어도 나는 확신하지 못하겠다.

　악취를 해결하기 위해 분주히 움직이던 선우는 아랫집 할머니와 정남이 과거 퀴어 커플이었음을 알게 된 후 분투하기 시작한다. 할머니의 장례를 치러주기 위해, 정남에게 할머니의 사진을 찾아주기 위해 온갖 일들을 벌인다. 희서 역시 선우가 애타게 찾던 아랫집 할머니와 정남의 사진을 보며, 고독사한 레즈비언 노인의 삶을 짐작해보며, "남 일 같지 않아서" 그랬다는 선우의 말을 비로소 헤아리게 된다. 두 사람은 어쩌면 미래의 자신들일지도 모를 한 퀴어의 죽음을 함께 애도하며 그 속에서 연대를 체감한다.

아파트가 뭐길래 선우는 다친 다리를 끌며 일자리를 알아보고 무너지는 자존심을 부여잡아야 하나. 아파트가 뭐길래 희서는 성차별이 난무하는 일터에서 버텨야 하나. 왜 우리는 이웃의 죽음보다 집값이 중요한 공동체에서 살아야 하나. 지금 우리 사회에서 정상성은 집값과 직결되며, 집값은 곧 개인과 가족의 생존을 떠받치는 절대적인 가치로 여겨진다. 이 가치에 진심인 이들은 예상되는 모든 저해 요소를 차단하기 위해 날을 잔뜩 세운다. 그것이 누군가의 죽음이든, 경매로 인한 퇴거든, 퀴어 혐오든, 길고양이에 대한 폭력이든 상관없이 말이다. 그 날카로운 날에 우리 모두 고통받지 않기 위해서는 무엇이 필요할까.

영화 속에서 선우는 한 사람의 죽음 앞에 선다. 누군가에게는 집값을 떨어뜨리는 부정적인 뉴스이자 누군가에게는 법적 분쟁을 피하기 위해 늦게 대응해도 괜찮은 사건이며 누군가에게는 남은 재산을 뒤져보는 기회이고 또 누군가에게는 민원을 받기 싫어 빠르게 처리하고 끝내야 할 업무가 되어버린 그 모든 시선을 기꺼이 넘어선다. 지금 우리에게는 그런 선우가 필요하다. 어딘가는 조금 미련해 보이더라도 냄새에 둔감해지지 않고 고집스럽게 냄새를 쫓고 동네를 헤집는, 때로는 좀 편하게 살지 않기로 기꺼이 결심하는 그런 선우가 필요하다.

누구에게나 숨숨집이 필요하니까

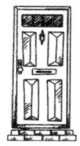

숨을 수 있는 집, 숨겨야 하는 집

고양이의 행복을 위해 집사들이 집 안에 반드시 마련해 두어야 할 것이 여럿 있다. 그중 단연 중요한 것은 '숨숨집'이다. 셰어하우스에 살던 시절, 고양이들이 하나둘 집에 들어오게 되면서 우리 방 곳곳에도 '숨숨집'이 생겨났다. 고양이들은 하루에도 몇 번씩 숨숨집을 찾아 들어갔다. 그루밍하고(고양이 세수) 싶을 때, 잠을 자고 싶을 때, 혼자 있고 싶을 때, 가끔 외부로부터 위협을 느낄 때, 아프거나 삐졌을 때도 그 안으로 숨어들었다. 불안과 긴장을 내려놓을 수 있는 공간, 온전히 자신만을 위한 집처럼 보였다. 나는 고양이들이 곤히 쉬고 있는 숨숨집을 바라보다 문득 어느 성소수자들의 인터뷰가 떠올랐다.

"집에서도 소지품부터 해서 모든 것을 감추면서 지내야 했어요. … 제 물건을 항상 살피고, (외부에) 노출된 게 없는지 계속 확인하고. 성정체성과 관련된 모든 게 불편했어요."

"예전부터 들키면 '그냥 죽자' 이런 생각밖에 없었던 것 같아요. 어머니가 (동성애) 반대 집회를 나가시거든요. 아마 아시면 제 손 붙들고 기도하고, 집회에 저를 앞에 세우고 별짓을 다 할 것 같아요. '그 꼴을 겪느니 차라리 죽고 말지' 진짜로 그런 생각이에요."[92]

많은 퀴어가 자신만의 숨숨집을 찾기 위해 비교적 어린 나이에 가족을 떠난다. 성소수자 인권 단체 '다양성을 향한 지속 가능한 움직임, 다움'의 조사에 따르면, 청년 성소수자의 주거 독립 연령은 평균 21.8세다.[93] 집은 울타리이고 사회 초년생은 집에 최대한 머무르며 자산을 모아야 한다는 사회적 공식은 이들에게 적용되지 않는다. 그들에게 '탈가정'은 집답지 않은 집을 떠나 진짜 집을 찾아 나서는 일종의 생존 투쟁에 가깝다.[94]

그렇게 일찍부터 많은 성소수자가 안전하게 살 수 있는 집, 불안과 긴장을 좀 내려놓아도 괜찮을 공간을 찾기 위해 헤맨다. 그러나 집을 구하는 과정부터 쉽지 않다. 성별 이분법이 강하게 작동하는 우리 사회에서 기숙사 같은 공공 주거 시설은 선택지가 되기 어렵다. 민간 주택 시장에서는 정체성을 숨겨야 하는 상황에 자주 부딪친다. 자신의 집을 단속하고 임대인이나 주변 이웃들의 눈치를 본다. 성소수자를 상징하는 무지개 깃발이나 나를 드러내는 물건들은 부모님이 오는 날이면 내 집에서도 자취를 감춘다. 정체성이 탄로 날까 봐(아웃팅), 괴롭힘을 당할까 봐 집에서도 신경이 곤두선다. 성소수자처럼 보이지 않도록 일련의 연극을 수행하기도 한다. 누군가에게 집은 안전하게 숨어들 수 있는 숨숨집은커녕 불안과 긴장이 지속되는 자기검열의 장소가 된다.

"어머니가 오는 날이면 모든 물건을 숨겼어요. (파트너랑 동거하는데) 같이 사용하는 모든 물건을 숨겨야 했죠. 죄지은 것도 아닌데 왜 그래야 하는지, 그게 늘 스트레스였어요."

"집주인이 계약할 때 알게 되면 재계약을 안 할 것 같아요. 플러스 요인일 수 없잖아요."

"전 애인이 우울하게 말을 많이 하더라고요. 해코지라고 해야 할까요? 이웃한테 그런 걸 당한 적도 있고, 주변에서 간접적으로 들은 것도 있고. 그런 것들이 많아서 집 앞에서는 손을 잡거나 그런 것도 되게 싫어했어요. … 집주인이 뭐라고 할 수도 있으니까요."

"제 닉네임에 사는 동네를 붙였거든요. '○○○동의 ○○○' 이렇게요. 그랬더니 아파트 단체 채팅방에 '네가 ○○○동에 사는 게이구나!' 이런 식으로 한 열댓 명 정도가 욕을 달았어요. 좀 많이요. … 안 좋은 말들을 계속 들으니까 무섭더라고요. 원래 차 위에다 무지개 깃발을 올려놨거든요. 그런데 그 일 때문에 없앴어요. 혹시 무슨 일을 당할까 봐요."

일부는 개인의 소득과 자산을 통해 자력으로 이 고통에서 벗어나려 시도한다. 심지어 어떤 이들은 '집을 사는 것이 곧 여성 해방, 인간 해방'인 듯 굴며, 페미니즘의 이름으로 투기를 옹호하기도 한다. 내가 이런 주장에 결코 동의하기 어려운 근본적인 이유는, '소유'가 혐오와 차별의 답이 되지 못하기 때문이다. 앞서 이야기한 영화 〈럭키, 아파트〉는 혐오로 가득한 세상에서 퀴어의 고통이 내 집 마련을 통해 결코 해소될 수 없음을 적나라하게 보여준다. 영화 속 성소수자 커플은 영끌로 마련한 아파트에 입주하며 삶의 안정을 기대한다. 하지만 그들의 정체성은 공인중개사이자 아파트 동대표인 이웃에게 좋은 협박 소재가 된다. 이들이 애당초 자기 집 마련에 서둘렀던 데에는 이전 임대인이 그들의 정체성을 알게 된 이유가 컸는데, 그때의 불안이 '내 집'에도 똑같이 스며드는 것이다.

비슷한 실제 사례는 너무나 많다. 한 청년은 내 집 마련에 성공했지만 아파트 주민들이 모여 있는 단체 채팅방에서 아웃팅 위험과 성소수자 혐오에 노출되었다. 다른 청년 역시 내 집에서 아웃팅 위험을 겪었다. 난데없이 층간 소음의 범인으로 이웃들에게 몰리는 사건이 있었는데, 그 과정에서 자신과 파트너가 레즈비언 커플이라는 사실이 노출될까 두려워했고 이 때문에 이사를 고민했다. 이들이 증언한 불안은 안전하고 편안한 주거 생활이 단순히 집의 소유만으로는 보장되지 않음을 보여준다.

주거권 더하기 성소수자 인권

2018년 방한한 유엔 '적정 주거권' 특별보고관 레일라니 파르하는 제40차 유엔 인권 이사회에서 한국의 주거권 실태 조사 결과를 발표하며 성소수자의 주거권 문제를 함께 다루었다.[95] 파르하 특별보고관은 한국이 주거 정책에서 '이성애자 신혼부부'를 최우선 대상으로 삼는 반면, '성소수자'는 정책 대상으로 인식하지 않는다고 지적했다. 예를 들어 성소수자 커플은 배우자가 사망할 경우 임차권 승계를 보장받지 못하고, 트랜스젠더는 성정체성과 주민등록상 성별이 일치하지 않는다는 이유로 계약을 거부당하기도 한다. 파르하 특별보고관은 심지어 정부 관계자와의 간담회에서 성소수자들이 겪는 문제가 "정책적 초점의 대상이 아니다"라는 말을 듣기도 했다고 밝혔다. 현재도 생활동반자법을 비롯한 소수자 권리 보장을 위한 법적 제도가 부재한 상황이라 이들의 주거권 문제는 여전히 제도 밖에 놓여 있다.

"파트너와 이별 가능성을 항상 생각하게 되는 것 같아요. … (파트너십 같은 제도적 보호가 없다 보니) 미래가 잘 그려지지 않아요. 언제까지 이렇게 지낼 수 있을까, 이런 생각을 자주 해요."

"'내가 갑자기 죽어버리면 이 집의 소유권은 누가 가져가게 되지?' 이런 걱정을 해요. … 이 집에 짝꿍도 돈을 냈지만, 소유권은 없잖아요."

성소수자주거권네트워크(이하 성주넷)는 2019년 성소수자의 인권과 주거권을 함께 다루기 위해 만들어진 첫 연대체다. 활동가들은 성소수자가 처한 주거 불안의 구체적인 양상과 그 사회적 맥락을 드러내고, 성소수자 스스로 주거권 보장을 요구하는 운동의 주체가 될 수 있도록 머리를 맞댔다. 성주넷은 성소수자들을 대상으로 처음으로 주거 불안 면접 조사를 진행했고, 그 결과를 바탕 삼아 '성소수자 주거 지원 매뉴얼'을 작성하기도 했다. 우리는 서로 다른 권리 운동이 교차하는 지점에서, 새로운 관점과 문제의식을 제기하고자 했다.

내가 '나'인 공간

"내가 나를 연기하지 않아도 되고, 내가 아닌 다른 사람을 연기하지 않아도 되는 곳, 내가 언제든 그냥 나로서 있을 수 있는 곳, 그리고 언제든 돌아갈 수 있는 곳, 그게 진짜 집이라고 생각해요. 진짜 내가 있는 곳, 내가 나를 숨기지 않아도 되는 곳. 저한테는 집이 그런 의미 같아요. 집은 그런 공간이어야 한다고 생각해요."

성소수자의 주거권 요구는 모두의 삶과 맞닿아 있다. 내가 나를 연기하지 않아도 되는 집, 가면을 벗고 편히 쉴 수 있는 숨숨집을 만드는 일은 모두를 위한 것이다. 우리가 겪는 주거 불안을 들여다보면, 주거권이 단순히 지붕 덮인 집에 관한 이야기를 넘어 서로를 지지하고 유대감을 형성할 수 있는 사회적 관계와 장소까지 포괄해야 함을 깨닫게 된다. 주거 불안 면접 조사에서 많은 퀴어들은 이태원 자체를 확장된 의미로서의 집으로 말하기도 했는데, '해방의 장소이자 인정의 장소'라는 이유에서였다. 이에 성주넷은 "안전하게 자신의 정체성을 표현하고 재생산하며, 관계를 엮을 수 있는 자리, 생존을 위한 최소한의 자리"가 성소수자를 포함한 우리 모두의 주거권 논의의 출발점이 되어야 한다는 의견을 모았다.

주거 정책의 대상을 '정상'으로 가정하고, '비정상'으로 분류된 사람들이 '정상' 범주에 편입되어야 한다는 단순한 주장에 빠지지 않는 것도 중요하다. 모두가 '정상'이 되기 위해 안간힘을 쓰는 과정에서 반드시 발생하고야 마는 낙오와 배제를 우리 사회는 이미 목도하고 있다. 사회적 약자들이 취약함을 서로 경쟁하고 누군가를 밟고 일어서는 구도 안에 갇히는 것이 아니라, 서로의 취약성이 서로를 채울 수 있는 계기가 되는 방법은 없을까. 타인이 겪는 주거 불안과 내가 겪는 주거 불안이 서로 맞물려 돌아가고 있다면, 우리에게 필요한 것은 각개 전투가 아니라 공동의 삶을 바꿀 공동의 전망과 실천이다.

광장 이후의 집

"정국이 어수선해서 이런 얘기를 하기가 좀 그렇지만 집주인이 보증금을 안 돌려주고 있어요. … 탄핵 문제 때문에 급박한 시기이지만 도움받을 곳이 없어서 조심스럽게 문의합니다."

2024년 12월, 대통령 윤석열을 탄핵해야 한다고 온 나라가 들썩이던 때 서울에 사는 한 청년 세입자가 연락해 왔다. 임대인이 보증금을 돌려주지 않아 이사를 갈 수 없게 되었다는 하소연이었다. 임대인은 보증금 전액은 어렵지만 일부라도 먼저 주겠다고 약속했다가 이마저 어겼다고 했다. 그 이야기를 전해 들은 다음 날, 윤석열 대통령의 탄핵소추안이 국회에서 가결되었다. 윤석열의 직무는 정지되었지만 그의 무능과 무책임은 여전히 세입자의 삶을 짓누르고 있었다.

윤석열 정부는 무슨 문제든 이전 정부를 탓했다. 전세 사기를 비롯한 주거 관련 문제도 마찬가지였다. 임대차 3법(전월세신고제, 전월세상한제, 계약갱신청구권) 도입으로 전세 시장이 왜곡돼 전세 사기가 발생했다는 거짓 분석을 남발했다. 정부 출범 이후 부자 감세와 복지 축소를 밀어붙인 그들에게, 전세 사기 피해자들은 애초 관심의 대상이 아니었는지도 모른다.

대규모 전세 사기 사건으로 정부에 대한 비판이 거세지자, '강골 검사'로 이름을 날렸던 윤석열은 전세 사기 같은 범죄를 "강력한 수사로 일벌백계하겠다", "지구 끝까지 추적하겠다"고 목소리를 높이며 각종 대책들을 쏟아냈다. 그로부터 2년이 지난 지금 650명이 넘는 전세 사기 피해자를 낳고 그중 네 명이 스스로 목숨을 끊도록 만든 인천 미추홀구 전세 사기 일당에 대한 첫 기소 사건의 대법원 선고가 내려졌다. 임대인 남 씨는 징역 7년으로 감형받았고(1심 15년) 공범 아홉 명은 각각 무죄와 집행유예를 선고받았다.[96] 대법원의 정의로운 판결을 촉구하며 피해자들이 1인 시위를 했지만 달라진 건 없었다. 피해자들은 판결 직후 한참 동안 말을 잇지 못한 채 길 위에 앉아 울었다. 지금까지 3만 명이 넘는 세입자들이 전세 사기 피해자 명단에 이름을 올렸고, 피해자로 인정받지 못한 명단 밖의 이들은 각자도생의 시간을 견디고 있다. 전세 사기범을 지구 끝까지 추적하겠다던 윤석열은 이제 그 자신이 내란범으로 추적당하는 처지가 되었다.

지난 탄핵 집회에서 '인천 미추홀구 전세 사기 대책위원회' 안상미 위원장을 만났다. 시민발언대에 참여하려 했지만 그날 신청 인원이 많아 발언하지 못했다고 했다. 나는 아쉬운 마음에 만약 발언 기회가 있었다면 어떤 이야기를 하고 싶었는지 물었다. 안상미 위원장은 윤석열 퇴진 이후의 과제에 대해 말했다. "전세 사기 사각지대 문제에 관심을 가져 달라"며 "피해 예방 대책이 사실상 전무한" 현실을 지적하고, 계속 진화하는 새로운 전세 사기 수법에 대응해야 한다고 강조했다. 특히 "전세 사기를 사회적 재난으로 보는 인식"이 중요한데, "주택임대차 계약이 '사적 계약'이라는 인식에 머물러 있으면, 전세 사기 피해가 예방될 리 없다"고 했다. 또 "임대인이나 공인중개사를 관리하고 감독하는 체계가 필요하다"는 말도 덧붙였다.

그가 많은 걸 바란다고 생각하지 않는다. 누구나 안전하게 집을 구하고 무사히 이사 다닐 수 있기를 바라는 마음은 새로운 사회에서 반드시 논의되어야 할 이야기임이 분명했다.

지난 겨울 우리가 바란 것

2024년 12월 14일 집회에서 동자동 쪽방 주민들의 떡 나눔이 SNS에서 화제가 되었다. "윤석열 즉시 탄핵!!! 우리는 소위 '쪽방촌'이라 불리는 가난한 동자동(용산)에서 왔습니다. 십시일반 돈을 모아 떡을 조금 준비해 왔습니다. 드시고 함께 힘을 내면 좋겠습니다."

이곳 주민들은 이래저래 바쁜 12월을 보내고 있었다. 떡을 준비하는 것 외에도, 12일에는 '2024홈리스추모제'의 기획 행사로 '동자동 다크 투어(dark tourism)*'를 열었다. 열댓 명의 시민들이 모여 두 시간 동안 동자동 골목을 구석구석 돌아다니며 수십 년 역사를 지닌 쪽방촌의 이야기를 보고 들었다. 쪽방은 양팔을 제대로 뻗을 수도 없을 만큼 좁고, 천장에 손이 닿을 정도로 낮았다. 쪽방촌 사람들이 주거 급여 제도의 대상이 되면서 월 15만 원 하던 임대료가 별안간 30만 원으로 뛰었다는 이야기, 쪽방을 철거하고 들어선 고층 빌딩의 전세가 수십 억 원이라는 이야기, 재개발로 돈을 벌어야 한다며 쪽방 세입자를 강제로 내쫓은 임대인들의 이야기가 이어졌다.

---

* 전쟁, 재난, 빈곤, 학살 등 비극적 사건이나 사회적 고통의 현장을 직접 방문해 기억하고 되새기는 여행.

동자동은 이미 오래전에 공공 주택 사업이 추진되었어야 할 곳이다. 2021년 문재인 정부는 쪽방촌 주거 환경을 정비하고 주민들의 주거 안정을 보장하기 위해 공공이 주도하는 개발 사업을 진행하겠다고 발표했다. 그러자 소유자들이 공공이 아닌 민간 개발을 주장하며 강하게 반발했다. 윤석열 정부가 들어서면서 사업 자체가 방치되다시피 했고 그렇게 시간이 흘렀다. 임대 주택에 입주해보지도 못하고 숨진 쪽방촌 주민들이 111명까지 늘었다. 다크 투어를 안내하던 한 동자동 주민은 "우리가 다 죽기를 기다리는 것 아니냐"고 결코 웃을 수 없는 농담을 던졌다.

2022년 윤석열이 당선된 그해 여름, 기록적인 폭우로 신림동의 한 다세대주택 반지하에서 세 명의 주거 취약 계층 여성이 목숨을 잃었다. 한 명은 도시 노동자였고, 또 한 명은 발달장애가 있던 그의 언니였으며, 나머지 한 명은 열세 살 된 그의 딸이었다. 같은 날 상도동에서도 반지하에 살던 수급자 여성이 물에 잠긴 자기 집에서 빠져나오지 못했다. 엄청난 폭우는 재난이 평등하지 않음을, 불평등이 곧 재난임을 다시 한번 드러냈다. 누군가는 외제 차 침수를 겪지만 누군가는 목숨을 잃는다.

180여 개의 노동·시민·사회 단체가 함께 '재난불평등추

모행동'을 출범하여 공공 임대 주택 확충과 주거권 보장을 핵심 과제로 내세우며 정부와 지방자치단체에 대책 마련을 촉구했다. 하지만 정부는 2023년 예산안에서 공공 임대 주택 예산을 5조 7천 억 원이나 삭감하며 문제 해결에 의지가 없음을 드러냈다. 이에 쪽방, 고시원, 반지하 거주자와 홈리스, 청년 세입자 등으로 구성된 시민 단체들이 10월 17일 '빈곤 철폐의 날'부터 국회 앞에 천막을 치고 69일간 공공 임대 확대를 요구하는 농성을 이어 갔다.

돌아보면 윤석열 정부 출범 이후 주거권 활동가들은 매년 시위를 벌였다. 2022년에는 '내놔라 공공 임대'를 외쳤고, 2023년에는 '전세 사기 해결'을 외쳤고, 2024년에는 시민들과 함께 '윤석열 퇴진'을 외쳤다. 윤석열이 퇴진한 자리에는 새로운 국민주권 정부가 들어섰다. 공공 임대 주택 예산이 다시 증액될 것으로 보인다. 동자동 쪽방촌 공공 주택 사업도 재추진한다는 소식이 들려온다. 하지만 해결해야 할 문제가 산적해 있다. 여전히 많은 전세 사기 피해자들이 제도 밖에서 고통을 겪고 있고, 이 문제를 근절하기 위한 예방책도 미비하다. 안전한 주택 시장 문화를 만들기 위한 규제 강화 계획 역시 들리지 않는다.

12월 탄핵 집회에는 가수 이랑의 노래가 울려 퍼졌다. "우리의 방은 작고 시끄럽고 우리에게 돈은 항상 멀리 있지." 조용히 노랫말을 따라 부르며 나는 내가 만난 수많은 청년 세입자들을 떠올렸다. 우리에게 집은 돈 걱정의 가장 큰 이유이기 이전에, 내가 나를 돌보는 공간이고, 우리 공동체와 돌봄을 주고받는 장소여야 한다. 결혼과 혈연을 넘어 같이 살고 싶은 이와 안전한 주거 생활을 보장받을 수 있어야 한다. 돈이 있든 없든 생존이 위협받지 않는 집에서 살 수 있어야 한다. 지난 겨울 광장에서 나는 사람들의 얼굴을 보며 생각했다. 우리는 어디서 왔고 어디로 돌아갈까. 언제나 평등한 사회를 꿈꾸는 우리의 집이 어제보다는 오늘 더 편안하고 안전하길 바란다. 집은 권리니까.

| 부록 |

민달팽이를 구하는 14가지 질문*

질문 1. 불법건축물인지 어떻게 알 수 있나요?
질문 2. 깡통 전세인지 어떻게 알 수 있나요?
질문 3. 다가구주택이 위험하다고 하는데, 무엇을 주의해야 하나요?
질문 4. 세입자에게 유용한 특약을 알고 싶어요.
질문 5. 계약서를 작성했습니다. 이제 세입자가 할 일이 무엇인가요?
질문 6. 계약을 연장하고 싶은데 어떻게 하면 되나요?
질문 7. 계약을 만료하고 싶습니다. 언제 어떻게 통보하면 되나요?
질문 8. 임대인이 과도한 임대료 인상을 요구하는데 어떻게 해야 하나요?
질문 9. 집주인이 보증금을 안 돌려줍니다. 어떻게 해야 하나요?
질문 10. 믿을 수 있는 공인중개사를 만나고 싶어요.
질문 11. 곰팡이와 누수 없는 집에서 살고 싶어요. 어떻게 확인해야 하나요?
질문 12. 세입자가 수리해야 하는 것과 집주인이 수리해야 하는 것을 구분해주세요.
질문 13. 등기부등본 보는 방법을 알려주세요.
질문 14. 월세가 너무 부담되는데, 청년을 위한 정책에는 무엇이 있나요?

질문1. 불법건축물인지 어떻게 알 수 있나요?

(1) 현장에서부터 확인하기

불법건축물 여부는 현장 답사에서 얻은 정보와 건축물대장을 비교해 파악합니다. 집을 보러 갈 때는 사진이나 영상을 촬영하세요. 건물 전체, 상세 주소가 보이는 현판·우편함, 복도, 현관 문패, 보일러실 위치 등을 찍어 두면 좋습니다. 또 전체 층수, 층별 세대(호실) 개수, 옆집(또는 앞집)과의 간격, 방의 면적을 확인하세요.

(2) 건축물대장 열람하기

세움터(eais.go.kr) 또는 정부24(plus.gov.kr)에서 건축물대장을 열람해 '위반건축물' 표시를 확인합니다. 이 표시가 없더라도 다음 항목에 해당한다면 건축법 위반을 의심해볼 필요가 있습니다.

- '건축물용도'가 '주택'이 아닌 경우
- 전체 층수와 층별 세대 개수가 현장에서 확인한 것과 다른 경우
- 집의 면적이 현장에서 확인한 것과 다른 경우

(3) 공인중개사에게 확인과 설명 요청하기

공인중개사는 위반건축물 여부를 알릴 의무가 있습니다. 그러

---

* 이 글은 저자의 활동 경험과 저자가 만난 세입자들의 사례를 바탕으로 정리한 것이다. 다만 법적인 효력이 있는 내용은 아니므로 문제가 생겼을 때는 '대한법률구조공단', '서울시 전월세 종합지원센터', '민달팽이유니온', '세입자114'에서 무료 온라인 상담이나 전화 상담을 이용하기 바란다.

나 단속이 이루어지지 않은 경우, 위반 사실을 세입자에게 굳이 알리지 않는 경우도 있으니 한 번 더 확인하는 것이 좋습니다.

(4) 위반건축물을 신고하고 싶나요?

위반건축물은 관할 구청이나 시청에 신고할 수 있습니다. 위반 사항을 시정할 때까지 소유자에게 이행 강제금이 부과됩니다.

(5) 가장 중요한 것

세입자는 집을 보러 다닐 때부터 '알아서, 능력껏, 꼼꼼히' 살펴볼 책임을 떠안습니다. 공인중개사에게는 집에 대한 충분한 확인과 설명을 요구하고, 국가에는 불법건축물이 아닌 집을 안심하고 계약할 수 있는 제도를 요구합시다.

질문2. 깡통 전세인지 어떻게 알 수 있나요?

(1) 주택 가격 확인하기

깡통 전세는 주택 가격과 세입자의 보증금이 비슷한 전세 계약입니다. 전세 사기의 위험이 크니 믿을 만한 기준으로 가격을 확인해야 합니다.

① 주택도시보증공사(HUG)는 보증보험 가입 심사 시 '주택 가격=공시 가격×140퍼센트'로 추정합니다. 부동산공시가격알리미(realtyprice.kr)에서 공시 가격을 조회하세요.

② 이외에도 HUG안심전세포털(khug.or.kr), 안심전세 APP, 국토교통부 실거래가 공개시스템(rt.molit.go.kr), KB시세를 비롯한 다양한 부동산 플랫폼을 통해 실거래가와 시세를 확인할 수

있습니다.

(2) 가격을 확인했다면

'선순위 채권+선순위 보증금+임대인의 미납 세금+내 보증금'의 합이 주택 가격의 70~80퍼센트 이하여야 안전합니다. 이를 확인하려면 다음 자료를 살펴보세요.

- 선순위 채권: 등기부등본(인터넷등기소 발급)
- 선순위 보증금: 확정일자 부여현황(주민센터 방문)
- 임대인 미납 세금: 미납 국세·지방세 열람(세무서 요청)

(3) 계약서에 특약 넣기

시세는 공시 가격이나 실거래가보다 신뢰도가 낮은 정보입니다. 전세 사기 수법 중에는 시세를 인위적으로 조작하는 경우도 있습니다. 여전히 불안하다면 보증보험 가입이 의무인 HUG안심전세대출 같은 정부 지원 정책을 추천합니다. 계약서에 HUG안심전세대출 가입이 안 될 경우 계약을 해지하고 계약금을 반환받을 수 있다는 특약을 추가하세요.

(4) HUG안심전세포털 또는 안심전세 APP 활용하기

① HUG안심전세포털과 안심전세 APP은 대규모 전세 사기 사건 이후 만들어진 보증금 피해와 전세 사기를 예방하기 위한 공공 플랫폼입니다.

② 시세 확인, 상습 채무불이행자 조회, 공인중개사 및 임대인 정보 조회, 보증보험료 계산, 보증보험 가입, 계약 후 등기부등본 변동 알림까지 모두 가능합니다.

③ 포털에는 민달팽이유니온(minsnailunion.net)이 제작에 참

여한 전세 사기 예방 콘텐츠도 있습니다. 전세 사기 유형별 대처법, 계약 전후 유의 사항, 계약 갱신 시 주의점 등 현실적인 가이드를 확인해보세요.

질문3. 다가구주택이 위험하다고 하는데, 무엇을 주의해야 하나요?

(1) 다가구주택은 왜 위험할까?

다가구주택은 건물 전체가 하나의 등기부로 관리되며, 한 명의 임대인이 여러 세입자와 각각 임대차 계약을 맺는 구조입니다. 이 때문에 세입자 간 권리관계가 얽혀 있어, 담보권이 설정되면 세입자 모두 위험에 노출됩니다. 전세 사기가 발생하면 피해가 큰 이유입니다. 그래서 '질문2'에서 말한 깡통 전세 여부를 확인하는 것이 매우 중요합니다. 여기에 더해 확인할 것들이 있습니다.

(2) 전입세대 열람내역서와 확정일자 부여현황 확인하기

여러 세입자 가운데 누가 먼저 전입 신고와 확정일자를 받았는지가 중요합니다. 주민센터를 방문해 전입세대 열람내역서와 확정일자 부여현황을 발급받으세요. 두 서류를 통해 자신보다 먼저 전입한 세입자들이 얼마나 많은 보증금을 맡겼는지 확인할 수 있습니다. 단, 계약 전이라면 임대인의 동의가 있어야 열람할 수 있습니다.

(3) 계약서에 특약 넣기

"임차인은 선순위 보증금을 포함한 선순위 채권이 ○○원(예를 들어, 주택 가격의 70퍼센트 이하 금액)을 초과하는 것을 확인한 경우 임대차 계약을 무효로 할 수 있으며, 이 경우 임대인은 기지급된 계약금 전액을 즉시 임차인에게 지급한다."

(4) 다가구보다 다세대

현실적으로 다가구주택은 경매 시 낙찰가가 주택 가격의 70퍼센트 미만으로 떨어지는 경우가 많고, 세입자 수가 많아 이해관계가 복잡해 경매 절차도 길어집니다. 그래서 같은 조건이라면 다가구주택보다 다세대주택을 선택하는 것이 안전합니다. 다세대주택은 세대별로 등기가 분리돼 있어 세입자 권리가 독립적이라 상대적으로 안전합니다. 그런데 다세대라도 '공동담보'로 묶여 있다면, 다른 주택의 문제가 내 집에도 영향을 끼칠 수 있으므로 주의해야 합니다.

질문 4. 세입자에게 유용한 특약을 알고 싶어요.

(1) 대출 승인과 보증보험 가입 보장하기

대출 승인이나 보증보험 가입이 필요하다면 중개사와 임대인에게 처음부터 이야기하세요. 문구까지 함께 확인해 두는 편이 좋습니다. "임대인은 임차인의 'HUG안심전세대출' 가입을 위해 필요한 모든 절차에 적극 협조하며, 가입이 불가할 경우 임대차 계약을 무효로 할 수 있으며, 이 경우 임대인은 기지급된 계약금 전액을 즉시 임차인에게 지급한다." 특약 문구를 넣을 때 "전세대출에 협조한다"는 말로는 부족합니다. 'HUG안심전세대출'처럼 정확한 상품명을 적으세요.

(2) 깡통 전세 방지하기

"임차인은 임대차 계약 체결 시를 기준으로 임대인이 사전에 알리지 않은 선순위 임대차 정보가 있거나 미납 또는 체납한 국세·지방세가 ○○원을 초과하는 것을 확인한 경우 임대차 계약을 무효로 할 수 있으며, 이 경우 임대인은 기지급된 계약금 전액을 즉시 임차인에게 지급한다."

(3) 관리비 명확히 쓰기

계약서에 관리비 항목과 금액을 정확히 기재하세요. 임대인이 임의로 관리비 인상 요구를 할 때 이 조항을 근거로 부당한 인상을 거절할 수 있습니다.

(4) 주택 하자에 대한 책임 규정하기

입주 전에 수리해야 할 시설이 있다면 반드시 특약에 명시하세요. 수리 항목, 완료 시기, 미이행 시 수리비 청구 방식(예를 들어, "보증금에서 공제한다")까지 구체적으로 적습니다. 만약 임대인이 특약 작성을 거부한다면 그 집은 피하는 게 좋습니다. 이 문제는 '질문12'에서 더 자세히 이야기할게요.

(5) 가장 중요한 것

혹시라도 보증금 미반환 때문에 소송을 하게 되면 보증금 반환을 약속하는 특약이 도움이 됩니다. 하지만 이런 특약이 보증금 전액 회수를 직접 보장해주지는 않습니다. 결국 시스템 자체가 바뀌어야 합니다. 민달팽이유니온에서는 깡통 전세를 막기 위해, 전세 보증금과 선순위 채권 등의 총합을 주택 가격의 70퍼센트 이하로 제한하는 '보증금 상한제', 모든 전월세 계약에서 '표준 계약서 의무화'를 주장하고 있습니다.

질문5. 계약서를 작성했습니다. 이제 세입자가 할 일이 무엇인가요?

(1) 계약서 쓰자마자 주민센터 가기

계약을 했다면 30일 이내에 임대차(전월세) 신고를 해야 합니다. 이 과정에서 '확정일자'를 부여받습니다. 확정일자는 세입자의 보증금을 지키는 데 중요한 역할을 하니 절대 빼먹지 마세요.

(2) 선순위 보증금 확인하기

다가구주택이나 근린생활시설을 계약했다면 '선순위 보증금' 규모를 확인하기 위해 전입세대 열람내역서와 확정일자 부여현황 서류를 발급받아야 합니다. 이 내용은 '질문3'에서 이야기했습니다.

(3) 등기부등본 열람하기

① 입주 당일, 보증금을 전부 송금하기 전에 등기부등본을 열람하세요. 계약 당시 확인한 내용과 달라진 부분이 없는지 살펴봅니다. 계약 후 며칠 사이에 근저당이 새로 잡히거나 소유권이 변경되는 사례가 종종 있으니 유의해야 합니다.

② 입주 다음 날, 한 번 더 확인하세요. 등기부등본에 나보다

권리가 우선하는 새 근저당이 잡히는 등 위험한 변화가 생겼다면 계약 해지까지도 고려해야 합니다.

(4) 전입 신고하기

세입자가 법적으로 보호받기 위해서는 '대항력'이 필요합니다. 대항력을 얻으려면 실제 거주하는 것에 더해 전입 신고가 필요합니다. 그러니 입주한 날 바로 전입 신고하세요. 가장 빠르게 처리하려면 주민센터를 방문하는 것이 좋습니다. 그리고 다음 날에는 전입 신고가 정상적으로 처리됐는지 확인하세요.

질문6. 계약을 연장하고 싶은데 어떻게 하면 되나요?

(1) 자동 연장을 원한다면

계약이 끝나기 2개월 전까지 세입자도 임대인도 아무 의사 표시를 하지 않았다면, 기존 계약과 같은 조건으로 2년 연장됩니다. 이를 '묵시적 갱신'이라고 해요.

(2) 임대인이 임대료 인상을 요구한다면

인상된 임대료를 부담할 수 있는지 잘 따져보세요. 임대인의 요구를 받아들여 계약을 연장하거나 협의를 통해 조정할 수 있습니다. 만약 요구가 과도하다면 사실상 퇴거 압박으로 볼 수 있어요. 이때 쓸 수 있는 세입자의 권리가 있습니다. '질문8'에서 확인하세요.

질문7. 계약을 만료하고 싶습니다. 언제 어떻게 통보하면 되나요?

(1) 계약 만료일에 나가고 싶다면

계약이 끝나기 2개월 전에 임대인에게 퇴거 의사를 밝히세요. 문자, 이메일, 통화 녹음 등 기록이 남는 방식으로 통보해야 합니다. 임대인의 확인 답변도 받아 두세요.

(2) 계약 기간 중인데 나가고 싶다면

① 임대인에게 계약 중도 해지 합의를 요청해야 합니다. 계약 기간은 임차인과 임대인이 함께 지켜야 하는 약속이라 해지로 인한 위약금을 물 수도 있어요.

② 누수가 심하거나 곰팡이가 심해서, 다시 말해 집이 '집'으로 기능하기 어려운 수준이라고요? 그러면 중도 해지가 가능하고 보증금도 전액 돌려받을 수 있어요. 이사비 요구도 가능합니다.

③ 임대인이 특약을 어겼다고요? 특약 내용에 따라 중도 해지와 보증금 반환을 요구하세요. 반환하지 않는다면 소송을 진행해야 할 수도 있어요.

(3) 계약을 연장했는데 마음이 바뀌었다면

계약 연장 방식에 따라 다릅니다. '묵시적 갱신' 상태라면 나가는 날짜(퇴실일) 3개월 전에 통보하면 됩니다. 계약서를 다시 쓴 경우라면 새 계약과 동일합니다. (1)과 (2)를 참고하세요.

질문8. 임대인이 과도한 임대료 인상을 요구하는데 어떻게 해야 하나요?

(1) 계약갱신청구권과 전월세상한제 이용하기

① 계약갱신청구권은 계약 갱신 시 '한 번' 세입자가 임대인의 퇴거 요구를 거부하고 그대로 거주할 수 있는 권리입니다. 최소 4년간 동일한 주택에서 안정적으로 머물 수 있습니다. 전월세상한제는 임대료 인상 폭을 기존 금액의 5퍼센트를 넘지 못하도록 제한합니다. 계약갱신청구권과 함께 이 제도를 활용하면 세입자는 주거비를 예측하며 안심하고 미래를 계획할 수 있습니다.

② 세입자가 안정적으로 거주할 권리를 법적으로 보장하는 것은 대단히 중요합니다. 계약을 연장하고 싶을 때, 임대인이 요구하는 인상 폭이 불합리하다고 느껴질 때, 주저하지 말고 적극 이용하세요.

(2) 등록민간임대주택에 살고 있다면

임대 사업자인 임대인이 정부에 등록한 주택을 '등록민간임대주택'(이하 등록임대)이라고 합니다. 내가 사는 집이 등록임대에 해당하는지 모르겠다면, 등기부등본을 확인하거나 렌트홈(renthome.go.kr)에서 조회할 수 있습니다. 등록임대는 일반 주택과 달리 몇 가지 특성이 있습니다.

① 임대 사업자는 등록임대를 일정 기간 유지해야 합니다. 이를 '임대 의무 기간'이라고 하며 등록한 유형에 따라 기간이 다릅니다. 의무 기간 동안 세입자는 계약 갱신이 보장됩니다. 주의할

점은 세입자의 계약일 기준이 아니라, 임대 사업자의 등록일 기준이라는 겁니다. 예를 들어 2025년에 등록한 임대 사업자의 임대 의무 기간이 10년이라면, 2035년까지 갱신이 보장됩니다. 세입자가 2028년에 입주하더라도 2035년까지 거주할 수 있습니다.

② 임대료 인상 폭은 5퍼센트 이내로 제한됩니다. 또 통계청의 '주거비 물가지수'나 인근 지역의 임대료 변동률을 고려해 더 낮게 조정될 수도 있습니다.

③ 임대 사업자는 보증보험 가입이 의무입니다. 그런데 실제로 보증보험을 가입하지 않고 미뤄도, 임대 사업자 자격이 유지되고 세제 혜택도 그대로 받을 수 있습니다. 이런 허점 때문에 등록임대에서도 전세 사기 피해를 본 세입자들이 많습니다.

④ 만약 임대 사업자가 법에서 정한 의무를 지키지 않는다면 관할 구청에 신고할 수 있습니다. 다만 실제로는 이 제도가 제대로 작동하지 않는 경우도 많습니다. 2021년 제가 함께 대응했던 사례를 보면, 60억 원 가까운 세제 감면을 받은 임대 사업자가 여러 세입자를 상대로 임대료 증액 제한을 위반했지만, 관할 지자체는 초기에 거의 대응하지 않았습니다. 이런 문제 때문에 민달팽이유니온에서는 임대차 계약 과정에서 일어나는 다양한 권리 침해를 감시할 수 있는 '주택임대차 감독관 제도' 도입을 주장하고 있습니다.

질문9. 집주인이 보증금을 안 돌려줍니다. 어떻게 해야 하나요?

(1) 내용증명 보내기

내용증명은 "나는 계약을 마치고 퇴거할 예정이며 보증금을 반환받을 권리가 있다"는 사실을 공식적으로 통보하는 서류예요. 서면으로 증거를 남기는 거죠. 내용증명 예시는 민달팽이유니온의 '주거 상담 FAQ'에 자세히 나와 있습니다.

(2) 대항력 유지하기

① 보증금을 받을 때까지 계속 거주해도 괜찮아요.

② 보증금을 못 받았는데 나가고 싶거나 부득이하게 옮겨야 하는 상황이라면 짐을 일부라도 꼭 남겨 두세요. 점유 상태와 전입 신고를 유지해 대항력을 지킵시다. 현관 비밀번호를 바꾸고 임대인에게는 알려주지 마세요.

③ 대법원 전자소송포털(ecfs.scourt.go.kr)에서 '임차권등기명령'을 신청하세요. 임차권등기명령 신청이 완료돼 등기부등본에 임차권이 기록되면, 짐을 빼고 이사를 나가더라도 대항력이 인정됩니다.

(3) 경매에서 보증금 회수하기

임대인이 끝내 보증금을 돌려주지 않는다면, 법적 절차를 밟아 회수해야 합니다. '임차보증금 반환 청구 소송' 또는 '지급명령'을 통해 법원으로부터 '집행권원'을 받아야 합니다. 집행권원은 강제로 집을 경매에 부칠 수 있는 법적 근거가 되는 문서입니다. 이를 바탕으로 강제 경매를 개시해 보증금을 회수할 수 있습니다.

(4) 전세사기특별법 이용하기

HUG '전세피해지원센터'에서 상담을 지원합니다. 전세 사기 피해자로 인정받으면 경매·공매 유예, 우선매수권, 한국토지주택공사(LH) 매입, 경매 차익 지원, 공공 임대 긴급 지원, 신용 회복 특례 등 다양한 지원을 받을 수 있습니다.

(5) 가장 중요한 것

가장 중요한 것은 '이 집을 고른 나를 탓하지 말기'입니다. 보증금 미반환, 전세 사기는 개인의 부주의 탓이 아닙니다. 애초에 안전한 매물만 거래되는 시장 질서가 없어서 벌어지는 피해이고 구조적 문제임을 잊지 마세요!

질문10. 믿을 수 있는 공인중개사를 만나고 싶어요.

(1) 자격 확인하기

국토교통부 브이월드(vworld.kr)에서 부동산 중개업 정보를 조회하면, 해당 사무소가 정식 등록된 곳인지, 영업 중지 상태는 아닌지, 담당자가 공인중개사인지 중개보조원인지 확인할 수 있습니다. 보조원이 현장 지원을 도울 수는 있습니다. 그러나 계약에 관한 중요한 문제는 중개사에게 직접 확인해야 합니다.

(2) 믿을 수 있는 중개사의 조건

① 주택 하자를 살펴볼 수 있는 분위기인가요?

가장 중요한 것은 중개 대상물을 확인하고 충실하게 설명해주는지 여부입니다. 집을 살펴보는 동안 건물 관리인 유무, 관리비 항목과 금액, 수도·전기·가스 등 필수 시설의 개별 여부를 꼭 물어보세요. 이런 기본적인 질문에 성실히 답변하고, 세입자가 궁금해하는 부분을 함께 확인해주는지 살펴보세요. 누수 흔적이나 하자 여부를 먼저 설명해주는지도 선택의 기준이 될 수 있어요.

② 세입자의 전세 사기 걱정에 공감하나요?

보증금 미반환이나 전세 사기 문제를 가볍게 넘기는 사람이라면 조심해야 합니다. 불법건축물을 보여주면서 "세입자는 상관없어요"라고 말하는 중개사도 피하세요. 보증보험에 가입할 수 있는 집을 보여 달라고 했는데 "이 동네에 그런 집은 없어요"라고 단정적으로 말하는 중개사는 추천하지 않습니다. 사실이라면 그 일대가 갭투기 지역일 수도 있으니 동네 자체를 다시 검토하세요.

③ 특정 대출 상담사나 은행을 지정하나요?

그 자체로 불법은 아니지만 일부 전세 사기 사례를 보면 대출 상담사와 결탁해 조직적으로 움직이는 경우도 있기 때문에 의심해봐야 합니다. 지정 은행 외에 다른 은행에서도 대출 심사를 신청해보며 위험도를 점검해보세요.

④ 특약 넣는 것을 회피하나요?

특약을 회피한다면 임대인 입장을 과도하게 대변하는 중개사일 수 있습니다. 좋은 중개사는 임대인과 세입자 모두에게 이로운 방향으로 합리적인 특약을 제안합니다.

(3) 중개대상물 확인·설명서 요청하기

공인중개사는 '중개대상물 확인·설명서'를 작성하고 설명해야 합니다. 이 서류에는 소방·난방 등 필수 시설의 상태, 실제 거래 가격, 주택 정보, 하자 여부 등이 포함되어 있습니다. 현실에서는 이 과정을 대충 넘기는 경우가 많지만, 바꾸어야 할 관행입니다. 이 서류를 꼼꼼히 보고, 모르는 항목이 있으면 물어보세요. '정말 귀찮은 사람'으로 보일 수 있지만 그래야 관행도 바뀌지 않을까요?

(4) 직접 방문해서 비교하기

부동산 중개 플랫폼의 정보는 참고용으로만 보고, 가능하면 여러 중개 사무소를 직접 방문해 비교해보는 것이 좋습니다.

질문11. 곰팡이와 누수 없는 집에서 살고 싶어요. 어떻게 확인해야 하나요?

(1) 곰팡이와 누수 확인하기

곰팡이와 누수는 정말 중요합니다. 곰팡이는 집주인과 세입자 중 누구의 수선 책임인지 따지기 어렵고, 누수는 비용이 많이 들고 고치기 어렵기 때문에 문제 해결이 미뤄지는 경우가 많아요.

(2) 천장, 벽, 창문 살펴보기

① 화장실, 부엌, 창문 근처의 천장과 벽을 살펴보세요. 천장에 네모난 덮개가 있다면 누수 점검용 구멍(점검구)일 수도 있으

니, 공인중개사나 임대인에게 확인해야 합니다. 마른 물 자국이 있다면 단순 결로인지 누수 흔적인지 꼭 살펴보세요. 물론 결로도 곰팡이가 발생할 수 있는 환경이므로 주의해야 합니다.

② 임대인이 "예전에 누수가 있었는데 지금은 괜찮아요"라고 말하나요? 안심하면 안 됩니다. 반드시 중개대상물 확인·설명서에 '누수 흔적 있음'을 표시하고, 누수와 관련한 특약을 계약서에 넣는 게 좋아요. "누수가 발생할 경우 탐지, 수리, 복구 비용을 임대인이 책임진다."

(3) 체크리스트로 집 내부 상태 기록하기

① 일반적으로 계약서에는 "현 시설물 상태에서 계약한다"는 내용이 포함되는데, 임대인뿐 아니라 세입자도 계약 당시 상태를 인정하고 그에 따른 책임을 진다는 뜻입니다. 민달팽이유니온에서 만든 '집 구하기 체크리스트'를 활용해보세요. 공공 임대 주택 입주자가 작성하는 '입주 및 퇴거 시 세대 점검표'도 좋아요(한국토지주택공사 홈페이지에서 내려받을 수 있어요).

② 집 상태를 사진과 영상으로 기록하세요. 냉장고, 세탁기, 벽 상태 등 옵션을 포함해 집의 상태를 구체적으로 기록하세요. 이 기록이 나중에 이사 나갈 때 세입자가 원상 복구해야 하는 기준이 됩니다.

(4) 불리한 특약은 무효!

혹시 계약서에 "모든 하자는 세입자 책임"이라는 문구가 있다면 거절하고 분명히 말하세요. 이렇게 불공정한 특약은 법적으로 무효라고요. 주택임대차보호법은 누수 등 대규모 수선의 책임이 임대인에게 있다고 정하고 있습니다.

(5) 집의 품질을 따지세요!

집의 품질을 따지는 것은 너무 중요한 일이에요. 하지만 세입자가 이를 확인하려 들면 눈치를 주는 경우가 많아요. 민달팽이 유니온에서는 세입자와 함께 집을 살펴보고 계약까지 돕는 '집 구하기 동행' 활동을 했습니다. 2021년 서울시 사업으로 제도화까지 이루어냈지만 "이렇게까지 집을 살펴본다고요? 까다로운 세입자는 필요 없어요."라며 계약을 거부당하는 경우도 있었어요. 영국, 벨기에 등에서는 주택 품질이 일정 기준에 못 미치면 임대업을 금지합니다. "집답지 않은 집으로 돈 벌지 말라"라는 사회적 메시지가 우리 사회에도 꼭 필요하다고 생각해요.

질문12. 세입자가 수리해야 하는 것과 집주인이 수리해야 하는 것을 구분해주세요.

(1) '선량한 관리자'의 의무

세입자는 민법 제374조에 따라 '선량한 관리자'로서 집을 집답게 유지할 의무가 있습니다. 생활 속에서 집을 아끼고 관리해야 합니다. 이런 의무는 집을 잘 보전하기 위해서만이 아니라 세입자 본인의 생활을 위해서도 중요합니다. 그런데 어디까지 관리해야 할까요? 법원 판례에서는 살면서 자연스럽게 소모되는 부분, 예를 들어 전구 수명이 다했거나 변기 밸브가 고장난 경우(소규모 수선)는 세입자 책임으로 봅니다.

(2) 집을 '집답게' 유지할 의무

임대인은 민법 제623조에 따라 '집이 집으로서 기능할 수 있도록 유지할 책임'이 있습니다. 수도에서 녹물이 나오거나, 천장에서 비가 새는 경우처럼 집이 제 기능을 하지 못하게 되는 상황(대규모 수선)은 임대인 책임입니다.

(3) 수리 요구하기 + 비용 청구하기

① 주택 하자는 즉시 통보해야 합니다(민법 제634조). 일부 임대인은 "제때 알려주지 않아서 피해가 커졌다"는 이유로 비용 일부를 세입자에게 떠넘기기도 하니 유의하세요. 하자 발견 즉시 사진이나 영상을 촬영하고 임대인에게 문자로 알려주세요.

② 민법 제626조는 세입자가 '대규모 수선'에 해당하는 수리비용을 임대인에게 청구할 수 있도록 규정하고 있습니다. 세입자가 먼저 수리 후 그 비용을 청구해도 됩니다.

(4) 제도 이용하기

분쟁이 생겼다면 주택임대차분쟁조정위원회(hldcc.or.kr)를 통해 해결할 수도 있습니다. 위원회에서는 심사관과 조사관이 사실관계를 검토해 조정안을 제시합니다. 예를 들어 "이 누수의 책임은 임대인에게 있으므로 이사비 40만 원을 세입자에게 지급하라"는 결론을 내립니다. 조정안이 성립되면 법적 효력이 생깁니다. 다만 임대인이 조정 참여를 거부하면 진행이 어렵다는 한계가 있습니다. 하지만 그래도 지레 포기하지 말고 신청해보세요. 실제로 조정을 통해 좋은 결과를 얻은 세입자 사례가 많습니다. 그렇지 않은 사례도 있지만 그런 경험이 모여야 제도 개선을 요구할 수 있고 실제로 더 나아지더라고요. 완벽하지 않더라도 있으니 써보고, 안 되면 화내고, 더 나은 제도를 요구하며 우리 일상을 조금씩 바꿔 나갑시다.

질문13. 등기부등본 보는 방법을 알려주세요.

(1) 열람하는 방법

등기부등본은 대한민국법원 인터넷등기소(iros.go.kr)에서 열람할 수 있습니다. 반드시 '말소 사항 포함'으로 조회하세요. '공동 담보 목록'도 함께 조회할 수 있도록 설정하세요. 전세 사기 위험 요소를 확인하기 위함입니다. 등기부등본은 표제부, 갑구, 을구 세 부분으로 구성됩니다. 하나씩 설명해볼게요.

(2) 표제부 - 집의 기본 정보 확인하기

표제부에서는 주소, 면적, 구조를 확인할 수 있어요. 건축물대장과 대조해 같은 집의 서류인지 확인하세요. 예를 들어 계약하려는 집이 301호인데 302호의 등기부등본을 보여주거나 주소를 일부 수정해 보여준다면, 전세 사기로 이어질 수 있습니다.

(3) 갑구 - 소유권 이력 확인하기

① 소유자 이름을 확인하세요. 현 소유자가 '지수'라면, 보증금은 지수 명의 계좌로 송금해야 합니다. '지수'라는 이름이 들어간 단체 명의 계좌로 보내면 안 됩니다. 실제로 단체 계좌로 유도해 보증금을 가로챈 사례가 있어요.

② 신탁이 설정된 집인지 확인하세요. 신탁의 종류에 따라 신

탁 회사 동의 없이 맺은 임대차 계약은 무효가 될 수 있습니다. 임대인은 보증금을 들고 사라지고, 세입자는 불법 점유자가 되어 신탁 회사가 퇴거를 요구하는 '신탁 전세 사기' 피해가 발생합니다. 신탁이 있다면 '신탁원부'를 확인해 계약 유효 조건을 파악해야 합니다.

③ '경매', '가압류' 표시가 있는지 확인하세요. 빨간 줄이 그어진 말소 기록도 중요합니다. 현 소유자에게 압류나 경매 이력이 있거나, 특히 HUG의 가압류 이력이 있는 경우, 해당 이유로 보증보험 가입이 어려울 수 있습니다.

(4) 을구 – '빚'의 기록 확인하기

① 근저당권 설정일과 우선순위를 확인하세요. 가장 중요한 건 '근저당권 설정일'(등기접수일)입니다. 근저당권 설정일이 내 계약일보다 앞서면, 은행이 나보다 선순위 채권자입니다. 내 계약보다 먼저 설정된 채권은 모두 경매 시 나보다 우선해 돈을 받을 권리를 가집니다. 그리고 근저당권 설정일을 기준으로 내가 최우선변제 대상인지 확인하세요. 거주 지역에 따라 다르기 때문에 주택임대차보호법 시행령 제10조를 참고하세요.

② '임차권' 등기가 있다면 주의하세요. 을구에 '임차권'이 표시돼 있다면, 보증금을 돌려받지 못한 세입자가 있었다는 신호입니다. 이미 해제된 임차권이라도 '이 집은 한 번 보증금을 제때 돌려주지 않았다'는 단서가 되고, 현재 진행 중이라면 여전히 누군가 피해를 보고 있다는 뜻입니다. 반대로 내가 피해자가 되었을 때는 '임차권등기명령'을 신청해 임차권을 남겨 두세요. 이것

은 보증금을 지키기 위한 절차이면서 동시에 이 집이 위험하다는 흔적을 남기는 방법입니다.

(5) 공인중개사에게 질문하기

등기부등본은 보증금이 안전한지 판단할 수 있는 가장 중요한 단서가 담겨 있습니다. 공인중개사에게 등기부등본에 대한 충분한 설명과 확인을 요구하는 것은 세입자의 당연한 권리입니다.

질문14. 월세가 너무 부담되는데, 청년을 위한 정책에는 무엇이 있나요?

(1) 청년 특화형 매입임대주택 살펴보기

'청년 특화형 매입임대주택'은 '행복주택'보다 저렴하고 기존 '매입임대주택'보다 자격 조건이 덜 까다롭습니다. 특히 새로 지은 집이 많아서 주거 상태가 좋은 편이에요. 교통 접근성도 좋은 편입니다. 청년 특화형 매입임대주택은 LH를 비롯한 공공 기관이 소유하지만, 실제 관리와 운영은 위탁 기관이 맡습니다. 위탁 기관은 단순히 집을 관리하는 데 그치지 않고 커뮤니티 형성에도 중요한 역할을 해요. 그래서 기관의 능력에 따라 주택의 분위기나 만족도가 크게 달라집니다. 위탁 기관을 살펴보기 위해서는 다음을 확인하면 좋아요.

- 세입자 보증금 미반환 위험이 없는가?
- 세입자 권리에 대해 이해하고 있는가?
- 주택 하자, 임대료 인상을 비롯한 주택 관리 규약이 적절한

가?

- 입주자 커뮤니티가 안정적으로 운영되는가?

제가 아는 곳 중에는 특히 민달팽이주택협동조합(minsnailcoop.com)이 믿을 수 있는 기관입니다. 서울을 중심으로 특화형 매입 임대주택 다수를 운영하고 있고, 셰어하우스부터 1인 원룸, 1.5룸, 2인 투룸 등 다양한 형태의 주택을 제공합니다. 입주자 커뮤니티도 꾸준히 이어가고 있습니다.

(2) 주거복지센터에서 상담하기

주거복지센터는 주거 위기를 전문적으로 상담하고, 실제 정책과 지원을 연결해주는 가장 중요한 현장 조직이에요. 임대료를 밀려 퇴거 위기에 놓였을 때 임시 거처나 공공 임대 연계를 돕고, 반지하 침수 피해 시 이사비를 지원하거나 더 나은 집으로 옮길 수 있도록 돕기도 합니다. 가정 폭력을 피해 탈출해야 하는 사람을 쉼터나 다른 기관으로 연결하는 역할도 하죠. 주거복지센터의 역량은 지역마다 차이가 있지만, 그렇기 때문에 더 많은 시민의 이용과 지지가 필요합니다. 주거복지센터가 더 민주적이고 더 공공성 높게 운영될수록 지역 사회 내 주거 위기 대응 역량도 강화됩니다.

(3) 주거 지원 정책 한눈에 보기

정부의 주거 정책을 살펴보고 신청하려면 다음 세 곳을 꼭 방문해보세요.

- 주거 정책: 국토교통부 마이홈포털(myhome.go.kr)
- 대출: 주택도시기금 기금e든든(enhuf.molit.go.kr)
- 주거비 지원: 보건복지부 **복지로**(bokjiro.go.kr)

| 주석 |

1 주거권운동네트워크, 《집은 인권이다》, 이후, 2010.
2 김선미, "주거 복지, 주거권 그리고 주거 빈곤의 실태", '내가만드는복지국가' 발표 자료, 2015. 김용창, "국제인권법 및 인권 규범의 주거권 규정에 대한 연구", 〈지역과 지리〉 제19권 제3호, 한국지역지리학회, 2013.
3 김선미, 2015.
4 "국토부장관, 전세 사기 피해에 '젊은 분들 경험 없어 덜렁덜렁 계약'", 〈프레시안〉, 2024년 5월 14일.
5 "전세가 상승이 과소비 탓? 국토부 장관 '15평 얻을 걸 20평 얻어'", 〈오마이뉴스〉, 2024년 6월 9일.
6 대한민국법원 등기정보광장 〉 등기현황 〉 부동산등기 〉 임차권 〉 임차권설정등기 신청 임차권자 현황. (최종 검색일: 2025년 10월 16일)
7 "작년 임차권 등기 4.7만 건 '역대 최다'", 〈한국경제〉, 2025년 1월 7일.
8 세라, 〈전세 사기꾼 프랭크의 최후〉, 브런치, 2023. 세입자 청년들과 함께 현장에 동행해 임대인 대리인 측으로부터 들은 내용이기도 하다.
9 세라, 2023.
10 "어떻게 전세 사기 피해에서 탈출했냐고요?", 〈일다〉, 2023년 12월 6일.
11 보통 위반건축물은 "건축 관련 법령 규정과 명령 등을 어기거나 지키지 않음으로써 건축법의 기준에 적합하지 않게 시공되거나 사용 중인 건축물"을 의미한다. 박인숙, "건축 법규 위반 건축물의 현황과 개선 과제", 〈이슈와 논점〉 1503호, 국회입법조사처, 2018.
12 "'전세 사기 피해자' 950명 추가돼 3만 3135명… LH, 1924건 매입", 〈한겨레〉, 2025년 9월 2일. 청년 비율은 국토교통부 보도자료에서 확인할 수 있다. "신탁 사기 피해

주석 253

주택 최초 매입 절차 완료", 국토교통부 〉뉴스·소식 〉보도자료 〉주택토지. (최종 검색일: 2025년 10월 20일)

13 "벼랑 끝에 서 있는 전세 사기 피해자를 살려주세요!", '전세 사기·깡통 전세 문제 해결을 위한 시민사회 대책위원회' 기자회견문, 2024년 5월 29일. 이 글에 인용된 피해자들의 이야기는 이 대책위원회를 통해 인터뷰한 내용을 정리한 것이다. 출처가 다를 경우에만 따로 표시했다.

14 2024년 6월 23일 '신촌·구로·병점 100억대 전세 사기 피해자 대책위원회' 출범 기자회견에서 피해자들이 직접 이야기한 내용을 정리했다.

15 "전세 보증금 미반환 89퍼센트 보증금 3억 이하 발생… '3억 이하 전세 보증보험 가입 의무화'", 〈한국정경신문〉, 2021년 5월 31일.

16 〈전세 사기·깡통 전세 피해 가구 실태 조사 및 피해 회복과 예방을 위한 제도 개선 방안〉, 한국도시연구소, 2023. 자료는 한국도시연구소 홈페이지에서 확인할 수 있다. 한국도시연구소 〉자료실 〉보고서 및 자료집. (최종 검색일: 2025년 10월 16일)

17 윤형중, "전세 사기 피해자의 최우선변제권 보장", 〈주간경향〉, 2023년 6월 20일.

18 "보증금 1억 중 8000만 원 청년 전세자금 대출… 모두 날릴 위기", 〈중앙일보〉, 2025년 9월 16일.

19 "원희룡 '전세 사기, 사회적 재난 아냐… 모든 사기 피해는 평등'… '선지원 후구상권 청구' 거부", 〈경향신문〉, 2023년 4월 28일. 신지혜, "원희룡 장관님, 전세 사기는 개인의 불행이 아닙니다", 〈오마이뉴스〉, 2023년 4월 27일.

20 "신탁 사기 피해 주택 최초 매입 절차 완료", 2025년 9월 2일.

21 "전세 사기 선 구제안, 정부안과 예산 차이 크지 않아… 병행 필요", 〈한국일보〉, 2024년 7월 12일.

22 '표준 계약서'는 법무부 홈페이지에서 확인할 수 있다. "주택임대차 표준 계약서", 법무부 〉법무정책서비스 〉법무/검찰 〉주택임대차법령정보. (최종 검색일: 2025년 10월 16일)

23 박미선, "청년 주거 정책: 불안한 대상과 혼란한 정책의 협주곡", 〈국토〉 제482호, 국토연구원, 2021.

24 같은 논문.

25 천현숙·야마네 사토코·이길제·조양하·이재춘, 〈청년 임차 가구 증가 현상의 국제 비교 연구〉, 국토연구원, 2016.

26 이길제, 〈부모의 소득·자산 및 분가 여부를 고려한 청년 주거 정책 대상 분석〉, 국

토연구원, 2019. 천현숙 외, 2016. 김지은, 〈청년 세대 주거 실태 점검 및 지원 대책 마련〉, 주택산업연구원, 2014.
27 천현숙 외, 2016. 여기서 청년 가구는 가구주의 연령이 20세 이상 39세 이하다.
28 2023년 주거실태조사. 주거실태조사는 국토교통 통계누리에서 확인할 수 있다. 국토교통 통계누리 〉 통계자료 〉 통계메타DB 〉 주택 〉 주거실태조사. (최종 검색일: 2025년 10월 16일)
29 "'집 안에 사람이 있어요' 청년들의 '주거' 이야기(ft. LH 사태)", 〈시사인〉, 2021년 4월 2일.
30 주택 보급률은 지표누리 홈페이지에서 확인할 수 있다. 지표누리 〉 주거 〉 주택수급 〉 주택 보급률. (최종 검색일: 2025년 9월 30일)
31 2022년 주거실태조사.
32 2023년 주거실태조사.
33 "청년 주거 안정 최우선… 원가 주택 50만 가구 공급", 〈KTV〉, 2022년 5월 25일.
34 "'집 있는' 사람이 절반 넘었다", 〈비즈워치〉, 2023년 9월 19일. "'50년 주담대' 상환 능력 불확실하면, DSR은 '40년 만기'로 제한한다", 〈경향신문〉, 2023년 9월 18일.
35 한국의 사회동향 2023. 국가통계연구원 홈페이지에서 자료를 내려받을 수 있다. 국가통계원구원 〉 발간자료 〉 한국의 사회동향 〉 연도별. (최종 검색일: 2025년 9월 30일)
36 "20대 청년, 소득 줄고 빚만 늘어… 전월세 보증금 빼면 빈털터리", 〈동아일보〉, 2023년 12월 15일. "'이러다 벼락거지' 영끌한 20대… 벌이 줄었는데 빚은 2배 늘었다", 〈머니투데이〉, 2023년 12월 15일.
37 홍정훈·임재만, "20·30세대 '영끌'에 관한 실증분석", 〈부동산분석〉 제10권 제1호, 한국부동산원, 2024.
38 "20대가 '영끌'해서 집 샀다고? 다 틀렸다!", 〈한겨레〉, 2022년 12월 7일.
39 2023년 주거실태조사. 전체를 순서대로 나열했을 때 중간에 있는 값인 중위수 기준이다.
40 "서울 1인 가구 셋 중 한 명 '월급의 25~30퍼센트 이상 주거비로'", 〈비즈워치〉, 2022년 5월 10일. 이 기사에서 인용한 자료는 주거비 과부담을 월 소득 대비 월 임차료(RIR) 25퍼센트 초과 또는 월 소득 대비 월 주거비(HCIR) 30퍼센트 초과하는 경우로 보았다.
41 베로니카 가고·루시 카바예로, 《페미니즘으로 부채 읽기》, 김주희·황유나 옮김,

현실문화, 2025.
42 "'LH 직원은 투자하지 말란 법 있나' 불난 데 기름 부은 직원들", 〈경향신문〉, 2021년 3월 4일.
43 "강남 땅 투기 원조는 박정희였다", 〈한겨레〉, 2017년 1월 9일.
44 "투기 권하는 사회에 미래는 없다", 민달팽이유니온 LH 사태 논평, 2021년 3월 23일. 민달팽이유니온 홈페이지 〉활동 〉이외 활동. (최종 검색일: 2025년 10월 16일)
45 2024년 여름 민달팽이유니온은 농촌에서 '민달팽이 캠프'를 열고 '귀농 청년과 도시 청년의 주거권과 삶의 자리'를 주제로 이야기를 나누었다. 이 글은 캠프에서 나눈 이야기를 바탕으로 작성했다.
46 "법제처, 내달부터 재건축조합 설립 동의율 75퍼센트에서 70퍼센트로 완화", 〈연합뉴스〉, 2025년 4월 30일.
47 제23조 2항 재산권의 행사는 공공복리에 적합하도록 하여야 한다. 제122조 국가는 국민 모두의 생산 및 생활의 기반이 되는 국토의 효율적이고 균형 있는 이용·개발과 보전을 위하여 법률이 정하는 바에 의하여 그에 관한 필요한 제한과 의무를 과할 수 있다.
48 "원주민 쫓아내는 재개발·재건축… 서울 경우 재정착률 20퍼센트대 추산", 〈국민일보〉, 2019년 11월 17일.
49 "재건축 평형, 원주민 수요 최대 반영해 재정착률 높인다… 마포구, 전국 첫 '보상주택' 제도", 〈경향신문〉, 2024년 2월 22일.
50 이원호, "소유하지 않은 자들의 투쟁", 민달팽이유니온 2024 세입자아카데미 〈불온한 세입자들〉, 2024년 6월 29일.
51 이재임, '에너지 위기·기후 위기 극복을 위한 정책 과제 토론회' 토론문, 국회의원 강은미 주최, 2023년 2월 9일.
52 "Berlin's vote to take properties from big landlords could be a watershed moment", *The Gardian*, 29 Sep 2021.
53 "고령자 3명 중 1명만 '삶 만족'… 상대적 빈곤율 OECD 최고", 〈연합뉴스〉, 2025년 9월 29일. 국가데이터 홈페이지에서도 확인할 수 있다. 국가데이터처 〉보도자료 〉 2025 고령자 통계(보도자료). (최종 검색일: 2025년 10월 20일)
54 "빈곤은 어쩔 수 없는 문제가 아니다", 〈프레시안〉, 2025년 10월 13일.
55 박미선·조윤지, 〈청년 가구 구성별 주거 여건 변화와 정책 시사점〉, 국토연구원, 2022. 이 자료는 '청년 가구'를 가구주 또는 가구원 중 만 19세 이상 34세 이하 청년

56 2023년 주거실태조사.
57 김도균, 《한국 복지자본주의의 역사》, 서울대학교출판문화원, 2018.
58 박미선, 2021.
59 이길제, 2019.
60 김명수, "발전주의는 언제 일상이 되었는가? 도시 중산층 가정성의 확립으로 본 현대 정착의 양상과 시간성", 〈경제와 사회〉 제131호, 비판사회학회, 2021.
61 위진철·김경희, "금융화된 가족 만들기 기획으로서 신혼부부 대상 주거 정책에 대한 신제도주의 분석", 〈한국사회정책〉 제31권 제3호, 한국사회정책학회, 2024.
62 〈기준 중위 소득 도입 10년, 전 국민의 복지 기준은 왜 여전히 최저선 이하를 전전하나?〉, 기초법바로세우기공동행동, 2025년 6월 24일. 빈곤사회연대 홈페이지에서 확인할 수 있다. 빈곤사회연대 〉 자료실 〉 발간자료. (최종 검색일: 2025년 10월 16일)
63 "수급 가구 내 부모와 떨어져 거주하는 20대 미혼 청년도 주거 급여 받는다", 국토교통부 보도자료, 2020년 11월 19일.
64 '국민기초생활보장법' 제2조 제8호와 시행령 제2조 제1항을 참고하라.
65 "인권위 '복지부, 20대 청년 별도 가구 인정 권고 일부만 수용'", 〈경향신문〉, 2021년 9월 1일.
66 "주거 지원금 높였더니 쪽방 월세가 뛰었다", 〈조선비즈〉, 2024년 12월 23일.
67 홍정훈, "주거권 보장의 관점에서 본 주거 급여 제도의 개선 방안", 제8회 주거복지 컨퍼런스, 한국도시연구소, 2024년 12월 5일.
68 서울주택도시개발공사(SH)의 2024년 1차 서울리츠 행복주택 입주자 모집 공고 내용이다.
69 "오세훈표 청년안심주택은 어쩌다 '청년근심주택'이 됐나", 〈한겨레〉, 2025년 9월 25일.
70 청년안심주택 공급 현황은 공식 홈페이지에서 확인할 수 있다. 청년안심주택 〉 청년안심주택? 〉 공급 현황 및 계획. (최종 검색일: 2025년 10월 16일)
71 "서울시 어르신 안심주택 27년 입주 난항… 수요 반영 한계", 〈여성경제신문〉, 2025년 9월 26일.
72 "오세훈 '조국, 주택 시장 원리도 모르고 남 탓 정치… 참 답답'", 〈뉴스핌〉, 2025년 10월 13일.
73 "행복주택 1,829가구 모집에 약 8만 명 몰렸다… 정책 대출 대상은?", 〈머니투데이〉,

2025년 7월 21일.
74 2025년 2차 청년안심주택 입주자 최종 청약 경쟁률은 SH 인터넷청약시스템에서 볼 수 있다. SH 인터넷청약시스템 〉 청약 정보 〉 공고 및 공지 〉 주택임대. (최종 검색일: 2025년 10월 16일)
75 "광명 보람채 아파트, 서울시 '일방적 철거' 논란", 〈일요신문〉, 2014년 10월 13일.
76 같은 기사.
77 "9년째 빈 땅… 구로공단 기숙사 '광명 보람채'를 아시나요", 〈한국경제〉, 2022년 7월 4일.
78 "광명시, 하안동 국유지 K-혁신타운 2027년 착공… 청년 주거·일자리부터 공원 등 주민 편의 시설까지 갖춰", 광명시 뉴스포털 보도자료, 2025년 2월 7일. 광명시 뉴스포털 홈페이지에서 확인할 수 있다. 광명시 뉴스포털 〉 보도자료. (최종 검색일: 2025년 10월 16일)
79 "'평등하지 않은 세상 꿈꾸는 당신에게'… 대놓고 내세운 아파트 광고", 〈경향신문〉, 2023년 6월 4일.
80 "빌라왕이 '임대 사업자 자격'을 박탈당하지 않은 이유는", 〈SBS〉, 2023년 2월 7일.
81 "악성 임대인 절반이 '임대 사업자' 자격 유지… 세제 혜택 누린다", 〈MBC〉, 2024년 7월 17일.
82 "대한민국 주택 보급률 100퍼센트 넘었다는데… '난 왜 집이 없을까'", 〈한국경제〉, 2025년 4월 2일. 지표누리에서도 확인할 수 있다.
83 김수현, 《가난이 사는 집》, 오월의 봄, 2022.
84 같은 책.
85 "신생아 특례 대환 대출 절반은 '고소득자'… 신규 대출도 40퍼센트는 연봉 8천만 원 이상", 〈매일경제〉, 2025년 8월 4일.
86 "'거주'의 최소 조건… 7제곱미터 + 창문", 〈경향신문〉, 2022년 1월 4일.
87 〈서울시 고시원 거처 상태 및 거주 가구 실태 조사〉, 한국도시연구소, 2020.
88 〈지옥고 실태와 대응 방안〉, 한국도시연구소, 2025.
89 "서울시 '신통 기획' 재개발 2차 공모… 상습 침수·반지하 지역에 가점", 〈경향신문〉, 2022년 8월 29일.
90 "침수 위험 알지만 또 반지하에 산다… 서울 3년간 신규 계약 8,893건", 〈한겨레〉, 2025년 8월 21일.
91 양경인, 《선창은 언제나 나의 몫이었다》, 은행나무, 2022.

92 2021년 성소수자주거권네트워크에서 진행한 '성소수자 주거권 실태 조사'를 바탕으로 내용을 작성했다. 이 장에서 인용된 인터뷰 내용은 모두 이 면접 조사를 바탕으로 한다.
93 〈2021 청년 성소수자 사회적 욕구 및 실태 조사 결과 보고서〉, 다움, 2021. 다움 홈페이지에서 확인할 수 있다. 다움 〉 자료실 〉 자료집. (최종 검색일: 2025년 10월 16일)
94 〈성소수자 주거 지원 매뉴얼〉, 성소수자주거권네트워크, 2022. 자료집은 민달팽이유니온 홈페이지에서 확인할 수 있다. 민달팽이유니온 〉 콘텐츠 〉 연구&서베이. (최종 검색일: 2025년 10월 16일)
95 "UN 주거권 특보 한국 방문 보고서", 〈도시와 빈곤〉 115호, 한국도시연구소, 2019.
96 "인천 미추홀구 전세 사기 '건축왕', 대법서 징역 7년 확정'", 〈경향신문〉, 2025년 1월 23일.

민달팽이 분투기

2025년 11월 7일 초판 1쇄 발행

- 지은이 ──────── 지수
- 펴낸이 ──────── 한예원
- 편집 ────── 이승희, 양경아
- 본문 조판 ────── 성인기획
- 펴낸곳 교양인
  우04015 서울 마포구 망원로6길 57 3층
  전화 : 02)2266-2776 팩스 : 02)2266-2771
  e-mail : gyoyangin@naver.com

ⓒ 지수, 2025
ISBN 979-11-93154-51-9   03300

* 잘못 만들어진 책은 바꾸어드립니다.
* 값은 뒤표지에 있습니다.

이 도서는 2025년 문화체육관광부의 '중소출판사 도약부문 제작지원' 사업의 지원을 받아 제작되었습니다.